크리스천 청년들을 위한
예비하심

크리스천 청년들을 위한 예비공사12

지은이 | 황은우

1판 1쇄 발행 | 2006. 10. 12
1판 3쇄 발행 | 2006. 11. 15

펴낸곳 | (주)북이십일
펴낸이 | 김영곤
책임편집 | 이상우·김수연·오원실·정원지
기획구성 | 김용환
영업마케팅 | 정성진·이종률·한경일·김용환·최창규·김용환·정민영
본문·표지디자인 | 김은경

등록번호 | 제10-1965호
등록일자 | 2000. 5. 6

주소 | 경기도 파주시 교하읍 문발리 파주출판문화정보산업단지 518-3(413-756)
전화 | 031-955-2100(대표)
팩스 | 031-955-2125(대표)
이메일 | book21@book21.co.kr
홈페이지 | http://www.book21.co.kr

값 10,000원
ISBN 89-509-0966-5 03200

이 책 내용의 일부 또는 전부를 재사용하려면 반드시 (주)북이십일의 동의를 얻어야 합니다.
잘못 만들어진 책은 구입하신 서점에서 교환해 드립니다.

크리스천 청년들을 위한

예비하심

황은우 지음

21세기북스

contents

프롤로그 · 6

01 · 길은 노력하는 자에게만 드러난다 · 11

01 · 군중심리에 휘둘려서는 안 된다 02 · 코쿤족에서 벗어나라 03 · 면접 공포를 극복하라 04 · 갈등해결 능력 없이 여리기만 하다 05 · 부모에게 의존하는 캥거루족은 되지 말자 06 · 의욕상실형 인간에서 벗어나라 07 · 게으름, 준비 부족자는 아닌가? 08 · 로또 복권형? 일획천금을 노리는 사람이 되지 말자 09 · 역경지수 최하형에서 탈피하자

02 · 하나님을 바라보면 예비하심이 보인다 · 91

01 · 고난이 아닌 하나님께 집중하길 원하신다 02 · 지금의 고난을 통해 더 강해지길 원하신다 03 · 영적으로 더 강해지길 원하신다 04 · 나의 아픈 경험이 하나님의 도구로 쓰인다 05 · 하나님은 다른 길을 열어주길 원하신다 06 · 하나님의 때는 따로 있다 07 · 기도의 분량이 차야한다

03 · 시대를 보면 예비하심이 보인다 · 121

01 · 실업문제로 인한 신 빈곤층의 증가 02 · 무한경쟁의 세계화 시대 – 불안정한 직업, 넉넉하지 않은 수입 03 · 기계화로 인한 일자리의 소멸 시대 04 · 틈새가 좁아진 사회, 높아진 진입 장벽 05 · 조기 퇴직의 시대 – 이제 평생직장은 사전 속에서나 찾아야 한다 06 · 승자가 모든 것을 가져가는 양극화 시대

04 · 나만의 길을 갈 수 있는 지혜를 구하라 · 145

01 · 먼저 그의 나라와 의를 구하라 02 · 자신이 잘하는 것을 하라 03 · 했을 때 기쁨이 되는가? 04 · 가고자 하는 분야에 대한 사전지식이 필요하다 05 · 직이 아닌 업을 추구해라 06 · 자기 스타일에 맞는 포지션을 파악해라 07 · 구체적이고 명확한 목표를 가져라 08 · 기회가 주어지지 않는다면 스스로 만들어라 09 · 끊임없이 차별화를 시도하라 10 · 내일을 준비하고 대비하며 찾아라

프롤로그

얼마 전 우리 교회의 한 형제와 같이 TV를 보았습니다. 브라운관 에서는 '백수들의 유니폼'인 파란색 추리닝을 입은 남자가 수화기에 대고 음식 값을 깎아 달라며 애교를 부리고 있었습니다. '대한민국에 안되는 게 어딨니~'라는 말을 유행시킨 「현대생활백수」라는 제목의 코미디 프로였습니다. 그는 너무 재미있다며 마구 웃다가, 지금 자신의 처지와 똑같다면서 눈물을 흘리고 있었습니다.

요즘 청년들은 취업 때문에 많은 스트레스를 받습니다. 활발한 경제활동을 해야 할 나이임에도 불구하고 구직란만 살펴보고 있는 현실이 안타까울 따름입니다. 더구나 전반적인 경기침체로 일자리가 부족하여 아버지와 아들이 함께 실업자의 길을 걷고 있는 가정이 많아졌습니다.

우리 아버지들이야 어느 정도 직장 생활을 하다가 일선에서 물러났습니다. 하지만 청년들은 사회에 발을 들이지도 못하고 취업 준비생이나 실업자로 낙인찍히게 되었습니다. 이렇게 구직기간이 길어지면 자신감을 상실하게 되어 무기력해 집니다.

또 하나 실업의 가장 큰 문제는 경제적인 궁핍입니다. 경제적으로 여유가 없다 보니 자신에게 투자하는 것이 힘듭니다. 당장 필요한 영어학원에 등록하는 것은 물론, 외모를 치장하기도 어렵습니다. 이러한 상황에 처하게 되면 더욱 직장 잡기가 힘들어집니다. 현실이 이렇다보니 나이가 찼어도 결혼은 언감생심 꿈도 못 꿉니다. 돈이 없으니 친구나 동료들과의 만남 자체를 자꾸 피하며 외부와 단절된 채 살아갑니다. 다른 사람의 눈치 볼 필요 없고 열등감에 시달릴 필요가 없는 생활이 좋을 때도 있습니다. 하지만 이런 상태가 지속되면 힘들어도 도와줄 사람이 없는 혼자가 됩니다. 스스로 만들어 놓은 덫에 빠져 오도 가도 못하는 상황이 되고 맙니다. 세상에 태어난 것이 원망스러운 것은 물론, 죽고만 싶어지는 등 우울증이 극에 달합니다. 계속적으로 실업을 겪는 사이 형성된 불안과 걱정은 습관이 되어 버립니다. 이는 청년들에게 부정적인 사회관과 더불어 부정적인 자아관으로 굳어질 가능성이 있습니다. 목사인 저는 이 점이 염려스럽습니다.

사람은 어느 상황에서 행복한 감정을 가질까요? 폴 투루니의 책

중 「A place for you(당신의 장소)」를 보면 인간은 어딘가에 소속되어 있을 때 평화로움을 느낀다고 합니다. 제가 섬기는 교회에 젊은 지체들이 많은 관계로 비교적 일찍부터 주례를 시작했습니다. 서른세 살부터 주례를 했으니까요. 요즘은 형제들뿐 아니라 자매들도 나이가 차서 결혼하는 경우가 많습니다. 늦은 나이에 결혼을 하는 자매들에게 그 동안 가장 힘들었던 것이 무엇이었냐고 물으면 보통 이런 이야기를 합니다. "목사님, 사실 결혼을 늦게까지 안 했을 때 별로 나쁜 건 없어요. 돈도 벌어둘 수 있고 하고 싶은 일도 마음껏 하니 자유롭죠. 하지만 결혼한 친구와 달리 누군가에게 소속돼 있지 않아서인지 항상 불안하고 마음이 힘들었죠." 이유가 무엇일까요? 자매들의 고백대로 소속감이 없으니 불안한 것입니다. 결혼한 사람이 하지 않은 사람보다 행복도가 더 높다는 여론조사의 결과도 있습니다.

아직 직장을 다니지 않는 청년들도 마찬가지인 것 같습니다. 어딘가 소속되기 위하여 무던히 노력합니다. 처음에는 적성과 연봉 등을 따져가며 좋은 직장을 찾기 위해 노력합니다. 하지만 냉정한 사회의 문턱을 겪은 후에는 아무 곳이라도 취직하여 안정을 찾으려

합니다. 그러나 요즘은 '아무데나'도 쉽지 않습니다. 아니 '아무데나'라고 일컬을 만큼 만만한 곳도 없습니다. 청년들에게 믿음 대안이 필요한 시기인 것입니다.

이 책이 청년들과 미래를 준비하는 세대들의 앞길에 조금이라도 도움이 되었으면 합니다. 우선 하나님 앞에 바로 가는 길을 보여주신 귀중한 멘토인 전병욱 목사님과 저와 상담하고 인터뷰에 응해준 교회 안의 많은 청년들에게 감사하다는 말을 전하고 싶습니다. 21세기북스 김용환 형제는 이 책을 쓸 수 있도록 권면과 용기를 불어넣어 준 좋은 동역자입니다. 책이 나오도록 끝까지 수고하신 이상우 팀장과 종교팀에도 감사드립니다. 마지막으로 책을 쓰면서 교정과 조언을 아끼지 않은 고희진 자매에게도 지면을 빌어 고마움을 전합니다.

진로 때문에 방황하고 고민하는 청년들의 길잡이가 되길 바라며 이 글을 마칩니다.

저자 **황은우**

01
길은 노력하는 자에게만 드러난다

01 · 군중심리에 휘둘려서는 안 된다 02 · 코쿤족에서 벗어나라 03 · 면접 공포를 극복하라 04 · 갈등해결 능력이 없이 여리기만 하다 05 · 부모에게 의존하는 캥거루족은 되지 말자 06 · 의욕상실형 인간에서 벗어나라 07 · 게으름, 준비 부족자는 아닌가? 08 · 로또 복권형? 일확천금을 노리는 사람이 되지 말자 09 · 역경지수 최하형에서 탈피하자

01

크 리 스 천　청 년 들 을　위 한　예 비 하 심

군중심리에 휘둘려서는 안 된다

우리는 주변에서 군중심리에 이끌리는 청년들을 많이 볼 수 있습니다. 이들은 아마도 집안·연애·학업 등 눈앞에 보이는 고민에만 치중하여 미래에 대해 깊이 생각할 여유가 없었을 것입니다. 이렇게 많은 청년들이 20대 초반의 시간을 허투루 보내다가 직장이라는 현실적인 문제에 봉착하게 됩니다. 마음의 여유도 없이 남들 따라 영어와 전공공부를 하다 보니 성인이 되어서도 방향을 제시해 줄 사람이 필요하게 된 것입니다. 본인의 문제는 스스로 결정해야 하지만 여러 사람이 가는 길이라면 최소한 안전할 것이라는 군중심리에 이끌리게 됩니다.

특별히 하고 싶은 것도 없고, 공부에 미련이 많지도 않은 젊은이들은 안정적이라는 공무원 준비를 합니다. 고리타분하고 따분한 직업군에 속해 어른들이나 좋아하던 공무원, 학교선생님들이 '안정된 직장'이라는 이유만으로 각광받게 된 것입니다. 명예퇴직이나 조기퇴직의 압박에 시달리는 현실에서 일정 연령까지 자리가 보장되는 직업이니 인기가 있을 수밖에 없습니다.

새벽부터 고된 일과로 하루를 시작하는 환경미화원은 나이 지긋한 어르신들이나 하는 직업군에 속했습니다. 은근히 무시당하고 천대받는 직업이었지요. 하지만 요즘은 대학을 졸업한 청년들도 환경미화원이 되기 위해 노력한다고 합니다. '직업에 귀천 없다'는 속담은 도덕교과서에나 나오는 이야기였지만, 경제 불황이라는 시대 상황과 맞물리면서 제 이름 값을 하게 된 것입니다.

얼마 전 정부 부처의 한 고위 공무원이 공개적인 자리에서 한 말입니다. 아들이 좋은 일자리를 찾기 바라는 한 아버지가 신을 찾아가 '제 아들이 00은행에 들어갈 수 있도록 도와주세요'라고 부탁하자, 신이 벌컥 화를 내며 '그렇게 좋은 직장이라면 차라리 내가 들어가겠다'라고 대답 했답니다. 누구나 부러워하는 기획예산처의 고위 공무원의 입에서 이런 이야기가 나올 정도이니, 대한민국 대다수 평범한 청년들의 심정은 어떠하겠습니까.

요즘 대학생은 자신들을 '열린 취업 5종 세트'라고 부릅니다. 기업들이 학벌·학점보다 실무경험을 중시하기 때문에 인턴십·아르바이트·공모전·봉사활동·자격증등을 반드시 준비해야 한다는 것입니다. 더불어 졸업을 늦춰 대학 5학년생을 자처 하는 '대학 둥지족'이나 '올드보이' 등도 취업 준비생들을 일컫는 신조어지요. 올드보이들은 학생이라는 이름아래 현실을 도피하며 안주합니다. 물론 취업 대란의 전쟁 속에서 한 걸음 물러 서 있을 수는 있습니다. 하지만 근본적인 문제는 해결 하지 못한 채 시간만 보내는 셈입니다.

올해 최고 대학이라고 일컬어지는 곳에 심방을 간 적이 있습니다. 우리 교회에 다니는 청년 지체들과 상담하고 근황을 물어보기 위한 방문이었는데 도서관에 들어가서 깜짝 놀랐습니다. 심방간 형제를 비롯한 많은 학생들이 공무원과 임용고시를 준비하고 있었기 때문입니다. 물론 열심히 공부하는 것은 보기 좋았으나 머리 좋다는 수재들이 '안정'된 직업에만 몰리는 것이 아닌가 하는 우려가 생겼습니다. 공무원이 자기 적성에 맞는다면야 무슨 문제가 있겠습니까? 흥미가 있다면 충분히 공부하고 그것을 추구하면 되는 것입니다. 하지만 공무원이나 학교 선생님에 대한 특별한 신념이 있어서가 아니라 '다들 좋다고 하니까'라는 생각으로 뛰어들면 큰 열매를 거두기 어려울 것 입니다. 그렇게 붙으면 뭐하겠습니까. 적성에 맞지 않아 그만두고 나오는 지체들이 수두룩한데요. 이러한 인기 직종 역시 언제든 바뀔 수 있습니다. 유행처럼 빠르게 생기는 유망 직종이나 뜨는 업종만 좇다보면 신기루처럼 사라지는 자신의 꿈을 보게 될 것입니다.

구스타브 르 봉이 지은 「군중심리」를 보면 군중은 장시간 생각한다거나 추적하는 능력이 없습니다. 이성적인 논리에 익숙하지 못한 군중은 그 반대로 행동하는 데 빠릅니다. 또한 군중의 행동은 두뇌보다 충동의 영향을 훨씬 크게 받습니다. 의식적인 인격은 완전히 사라지며 의지와 판단력마저 상실합니다. 마지막으로 군중은 감염성이 있어서 옳다고 생각하는 자신의 목소리를 내기 보다는, 다수의 의견에 동조하는 경향이 있습니다.

특히 개인적으로 결정하지 못하는 우유부단한 성격은 군중심리에 쉽게 노출 됩니다. 생각하기를 귀찮아하거나 생각의 훈련이 없는 사람들도 군중심리에 쉽게 동조합니다. 이런 기질의 사람들은 누군가가 자신의 인생을 결정해 주었으면 하는 심리적인 바람을 가지고 있습니다. 자신이 무엇을 원하는지 모르기 때문입니다.

청년 사역을 하다 보니 의외로 많은 지체들이 하고 싶은 것을 정확히 모르고 있음을 알았습니다. 혹은 실패가 두려워 시작조차 않으려하는 것도 보았습니다. 하지만 자신의 처지와 상관없이 그러면서 보는 눈은 계속 높아져 자신이 처한 현실을 망각합니다. 자신의 의지와 상관없이 누군가 좋다고 하면 그것을 기웃거리고 있습니다. 어떤 지체들은 남들이 부러워하는 지식과 기회가 있음에도 불구하고 활용하지 못합니다. 누군가 자신의 인생을 결정지어 주었으면 하는 바람을 마음 속 깊이 가지고 있기 때문입니다.

이런 스타일들은 자신의 생각 보다 남들을 쫓아가기에 바쁩니다. 다른 사람들이 다니는 학원에 다니며 취업에 조금이라도 도움이 된다는 각종 자격증을 따려고 합니다. 그러나 정작 자기가 정말 무엇을 해야 하는지는 모르고 있습니다. 또한 이들은 어떤일을 하다가도 사람들이 자신과 다른 방향으로 향하면 가던 길을 멈추고 그 쪽으로 동조해 뛰어갑니다. 무조건 남들과 다니며 같이 한다는 사실에 안정감을 받는 스타일입니다.

이런 사람은 귀중한 시간을 아껴서 전략적으로 준비할 필요가 있습니다. 회사에서 면접하는 분들의 이야기를 들어보면 그저 그런 자격증은 큰 도움이 되지 않는다고 합니다. 그 시간에 영어나 전공 지식, 컴퓨터를 공부하는 게 낫다고 조언합니다.

저의 어머니는 보석에 관련된 일을 20년 넘게 하고 계십니다. 60세가 넘은 지금도 현직에 계십니다. 예전에 저도 그 분야에 호기심이 생겨 보석감정 관련 학원에 등록하여 몇 달 배우기도 했습니다. 저야 취미로 배웠지만 그곳에 등록한 20대의 대부분은 자격증을 따려고 앉아 있었습니다. 그들을 보고 어머니께 이 일을 하는데 자격증이 필요하냐고 여쭈어 본 일이 있습니다. 어머니께서는 자격증이 있으면 좋지만 전문적인 감정사 일부를 제외하고는 현장에서의 감각과 사람 만나는 기술이 더 중요하다고 하셨습니다. 따라서 장사를 할 젊은이라면 수백 만 원의 수강료를 지불하며 미국에서 주최하는 보석 감정 시험 자격증에 매달릴 필요는 없다는 이야기였습니다.

우리는 남들이 하는 것이 좋다고 해서 무조건 따라가서는 안 됩니다. 일단 어떤 일을 하려면 그 분야의 대가나 실무자들에게 실상을 물어보는 것이 현명 합니다. 남들이 보기에 당연히 해야 하는 것도 전문가가 판단하기에는 별 필요 없는 일일 수도 있습니다. 정작 본인은 중요하게 여겨 공부 했지만 전혀 다른 부분에 집중해야 되는 경우도 있습니다. 남들의 말이나 보이는 현상에만 매이지 말라는 것입니다. 타인의 말에 부화뇌동하거나 맹신하면 자신의 귀중한 시간을 허비할 위험이 있습니다.

진정으로 자신의 미래를 생각한다면 남들이 하는 것을 생각 없이 따르고 싶을 지라도, 한 발짝 떨어져서 냉철히 바라볼 필요가 있습니다. 만일 내가 부족하다면 그것을 인정하고 주변의 지혜 있는 사람과 믿을만한 실무자에게 물어봐야 합니다. 물건을 사거나 결정을 내릴 때 물어보지 않아서 손해 보는 일은 비단 저만의 경험이 아닐 것입니다. 이렇게 물어보는 행동은 조언을 받는 것에 더하여 상대방의 마음을 얻는 유익함이 있습니다. 상대에게 무엇인가를 물어본다는 것은 그 사람 자체를 신뢰하고 지혜를 구하는 행동이기 때문입니다.

　저는 신입생들이 입학하는 3월 초가 되면 청년들과 함께 각 대학 캠퍼스에 전도를 하러 나갑니다. 캠퍼스에서 학생들을 전도하다 보면 매해 어김없이 어학 테이프나 그 외 다른 상품을 팔려는 사람들이 신입생들에게 설문조사 하는 모습을 보게 됩니다. 그들은 신입생들에게 어떠한 정보를 알아내기 위함이 아닌 물건을 팔 목적으로 설문 조사를 합니다. 이는 낯선 사람이 큰 부탁을 하면 경계심에 의한 거부감으로 거절 할 수 있지만, 작은 부탁을 하면 무리 없이 들어주는 사람의 심리를 이용한 것입니다. 그래서 간단한 설문 조사라는 명목으로 그들의 마음을 열고 어수룩한 신입생들에게 비싼 어학 교재를 파는 것입니다.

　문제는 이러한 사실을 이단들도 알고 있다는 것입니다. 숭실대에 전도모임을 나갔을 때의 일입니다. 이단들이 설문 조사를 하면서 전도를 하고 있는 모습을 보았습니다. 설문지 내용은 너무 쉽다 못해 유치한 것이었습니다. 하나님의 아들은? 1번 예수, 2번 퇴계 이황, 3번 슈바이쳐… 이런 식이었습니다. 삼척동자도 다 아는 이 사실을 설문하는 이유가 무엇이겠습니까. 이처럼 사람들의 선한 마음을 악용하는 선례는 무수히 많습니다.

안팎으로 치열한 상황에 처해 있는 요즘 청년들의 상실감은 이루 말 할 수 없습니다. 그렇게 너무 힘들다 보니 자기 자신이 보이지 않아 잘못된 결정을 내릴 때가 많이 있습니다. 그런데 우리들은 본성이 교만해서인지 듣기보다는 말하기를 좋아합니다. 과거 미국의 〈미네아폴리스〉라는 성인학교에서 말하기 코스와 듣기 코스를 개설했다고 합니다. 이 학교가 열리자마자 많은 사람들이 등록을 시작했는데 말하기 코스에는 항상 사람들이 넘치는 반면, 듣기 코스는 미달이고 심지어는 수강생이 없는 때도 있었다고 합니다. 심리학자들은 이러한 과정을 통해 인간은 본성적으로 듣기보다 말하기를 좋아한다는 결론을 얻었습니다.

사람의 천성이 그렇다는 것을 알았으니 일부러라도 묻고 듣기를 시도해야 합니다. 그럼 누구에게 물어야 할까요?

첫째, 하나님의 말씀을 들어라. 듣는다는 것이 무엇을 뜻할까요? 바로 겸손입니다. '진실로 그는 거만한 자를 비웃으시며 겸손한 자에게 은혜를 베푸시나니(잠 3:34).' 겸손한 사람은 하나님이 크게 들어 쓰십니다. 듣는 사람에게는 그에게 유익이 되도록 늘 좋은 것을 들려 주십니다.

창세기에 나오는 아브라함을 봅시다. 그는 하나님의 인도로 떠돌아 다녔습니다. 그리고 고대 근동에서 꼭 필요한 우물을 팠습니다. 그러나 그가 옮겨 다니거나 우물을 파는 행동은 자기 마음대로 한 것이 아니라 하나님 인도를 받은 것입니다. 즉 믿음의 확신을 얻고 나서 행동으로 옮긴 것입니다. 이러한 자세가 그리스도 청년들에게 필요합니다. 묻고 나서 매진하면 값진 열매가 기다리고 있을 것입니다.

롬 8장 27절 '마음을 감찰하시는 이가 성령의 생각을 아시나니 이는 성령이 하나님의 뜻대로 성도를 위하여 간구하심이니라.' 성령을 의지해 간구하면 하나님께서 답을 주십니다. 실수하지 않게 도와주십니다.

그럼 어떻게 해야 하나님의 음성을 분별해 들을 수 있을까요? 키에르케고르가 이런 이야기를 했습니다. '난 처음에 기도는 하나님께 말하는 것인 줄 알았다. 하지만 시간이 지나고 기도가 깊어질수록 기도는 하나님의 음성을 듣는 것인 줄 깨닫게 되었다.' 여기에 정답이 있습니다. 하나님의 음성은 깊은 기도 중에 들립니다. 그렇게 깊은 기도는 음성을 통하여 하나님과 동행하는 삶을 살게 만듭니다. 그처럼 깊은 기도는 또 어떻게 드릴 수 있을까요.

신앙에도 단계가 있습니다. 피아노 바이엘을 치다가 갑자기 베토벤을 능숙하게 칠 수 있을까요? 그렇지 않습니다. 신앙생활 역시 마찬가지입니다. 단계가 있는 것입니다. 그렇기에 기도는 자주하고 오래 해야 합니다. 누가복음 6장12~13절을 보면 예수님은 열두 제자를 세우기 전 날, 밤을 맞도록 기도하셨습니다. 예수님은 중요한 문제가 생길 때마다 깊은 기도를 드렸습니다.

군에서 전도한 Y형제(36세)가 있습니다. 비록 큰 믿음은 아니지만 자신의 진로를 위해서 끊임없이 기도하려 애쓰고 있었습니다. 이 형제는 S대학 경영학과를 졸업하고 IT쪽에 관심을 가져 프로그래머 자격증을 취득하였습니다. 그리고 IT기술영업 쪽에 직장을 얻으려 하였습니다. 그러나 취업을 시도하는 시기에 IT대란이 일어났습니다. 상황이 이렇다 보니 신입사원을 뽑지도 않을 뿐더러 있는 사람까지 내보내는 상황이 되었습니다. 취업한계의 연령은 다가

오고 뭔가 다른 방향을 찾아야만 했습니다.

그때 형제는 하나님께 인도해 달라는 간절한 기도를 드립니다. 그렇게 기도하는 가운데 보험 쪽에서 일하면 뭔가 열매를 거둘 것이라는 확신이 왔습니다. 하지만 주변의 반대가 너무나도 컸습니다. 그 당시 보험설계사는 거의 명퇴를 하거나 갈 곳이 없는 사람들이 가는 직장이었기 때문입니다.

하지만 기도의 확신이 컸던 형제는 망설임 없이 보험업계에 뛰어들었습니다. 그러나 회사에 들어가 보니 불합리한 점이 한두 개가 아니었습니다. 정직히 행하려고 하니 주위의 압박이 만만치 않았다고 합니다. 평소 이 형제는 교회에서 보험 이야기를 하지 않습니다. 사람들이 물어오면 가르쳐줄 뿐입니다. 좋은 것이 있으면 다른 회사의 상품을 권할 정도입니다. 고객에게 사고라도 생기면 본인의 일처럼 성심 성의껏 챙겨주었습니다. 이러한 형제의 모습에 사람들이 몰려들기 시작하여 큰 성공을 거두었습니다. 그를 보고 보험을 생각해 본 적 없는 저도 찾아가 건강보험을 들었습니다. 다른 성도들을 소개해 주고 있습니다.

Y형제를 보면 하나님께서 기도로 방향을 주실 때는 타당한 이유와 함께 거기에 맞는 능력과 가치관을 주시는 것을 알게 되었습니다. 우리는 더 크신 하나님의 지혜를 믿고 기도로 인도함을 받아 그 길로 행하면 되는 것입니다.

둘째, 멘토의 조언을 들어라. 좋은 멘토와의 만남은 인생의 축복입니다. 저는 1998년 5월에 삼일교회 전도사가 되었습니다. 전도사로 임명되기 전날 담임목사님은 목회자로서 기억해야 할 것 몇 가지를 조언해 주셨습니다. 저는 지금도 수첩에 적어 놓은 그 말씀들을 되새기고는 합니다.

1. 목회자는 매력적이어야 하는데 성실이 근원이다.
2. 설교는 기본기가 중요하다. 내용을 꾸미는 것은 나중 일이다.
3. 사람을 키우기 위해서는 꼭 1:1의 만남이 있어야 한다. 대중으로 같이 봐서는 안 된다.
4. 전도사는 영성이 있어야 한다. 가장 일찍 기도하고 가장 늦게까지 기도하는 사람이 되어야 한다.

5. 지도자는 비전을 제시해 주어야 한다. 그 비전은 구체적이어야 한다.
6. 같은 동역자들을 똑같이 대해서는 안 된다. 사람마다 특색이 있다. 그 사람에 맞게 대하라! 편애가 사람을 키운다.
7. 어떤 일을 추진하려 할 때는 미리 생각을 흘리고 전체적인 분위기를 모아서 확신이 설 때 발표해야 한다. 지도자는 신중해야 한다.

이 같은 조언들은 지금까지 저의 목회에서 피와 살이 되었습니다. 만일 이 조언들을 그냥 흘려들었다면 아마 지금의 저는 없었을 것입니다. 이러한 스승의 권면으로 인생의 수많은 고비를 넘기고 제가 가지고 있는 것보다 차고 넘치는 축복의 삶을 살고 있습니다. 지금까지의 상황을 보면 제 생각을 밀고 나가는 것 보다는 스승의 판단이 더 옳은 경우가 많았습니다.

한 번은 담임 목사님이 미국의 최고 부자들이 구독한다는 포브스 지를 보라고 청년 리더들에게 권했습니다. 부자들의 삶을 동경하라는 말이 아니라 그들의 생활과 사고방식을 알아야 승리할 수 있다는 것이었습니다. 저는 그 말씀에 바로 '아멘' 하고 포브스 지를 구독해서 꾸준히 읽었습니다. 그 결과 목사님 말대로 제 자신의 생각이 성장하는 것을 느낄 수 있었습니다.

　담임 목사님이 외국 집회로 자리를 비우신 사이 청년 리더들에게 설교할 기회가 생겼습니다. 얼마나 포브스 지를 읽고 있는지 조사를 해 보고 싶은 마음에 책을 읽은 사람은 손을 들어 보라고 했습니다. 그런데 읽은 사람이 거의 없었습니다. 물론 쑥스러움에 손을 들지 않았을 수도 있습니다. 하지만 목사님의 설교를 듣고 실행에 옮긴 사람이 그리 많지 않음은 분명했습니다. 청년 리더들조차 듣는 일이 몸에 배지 않았다는 것을 확인한 순간이었습니다. 듣고 변화되는 사람은 살아남을 것입니다. 하지만 귀를 막은 사람은 변화를 이뤄내지 못하고 제자리에만 머물게 됩니다. 스승의 말은 우리 인생의 힘이란 사실을 잊지 맙시다.

　셋째, 어른들에게 물어보라. 하나님의 뜻을 알 수 있는 세 가지가 있습니다. 말씀과 기도, 이성이 바로 그것 입니다. 기본적으로 우리는 하나님의 말씀을 읽고 기도에 대한 응답을 받아야 합니다. 또 하나님이 주신 이성도 잘 활용해야 합니다. 여기에 한 가지를 더하자면 하나님께서 우리 주변에 두신 어른들의 조언을 듣는 것입니다.

인생을 살다 보면 결정을 내려야 할 문제들이 끊임없이 밀려옵니다. 인생은 선택의 연속입니다.

예전의 저는 대부분의 결정을 스스로 내렸습니다. 고리타분한 어른들의 판단보다야 제가 낫다는 교만함 때문이었습니다. 하지만 시간이 흐르고 나니 언제나 그 분들의 의견이 옳았음을 알게 되었습니다. '예전에 그 말을 들었으면 정말 좋았을 것'을 하는 후회와 함께 말입니다. 그 후로 중요한 문제가 생길수록 교회의 어른들을 찾아가 물어 보는 버릇이 생겼습니다.

일전에 제가 지도하는 부서의 한 형제가 개업예배를 인도해 달라고 부탁해 왔습니다. 부랴부랴 가게에 가보니, 아무것도 모르는 제가 보기에도 비전이 없어 보이는 위치에 자리하고 있었습니다. 실질적인 개업은 1년 전이었는데 수익이 없어 다른 직종으로 급히 변경하여 오픈 한 것입니다.

형제에게 가게를 포기할 마음이 없는지 물었습니다. 목사인 제가 봐도 도저히 될 곳이 아니라는 판단에서였습니다. 가게는 서울 변두리에 있는데다가 엘리베이터도 없는 4층이었습니다. 하지만 권리금 8천 만 원에 2년 계약을 하여 오도가도 못 하는 상황이었습니다. 형제는 벌써부터 100만 원이 넘는 월세 걱정을 하고 있었습니다. 사실 개장한 일주일 동안 손님이 열 손가락을 꼽지 못할 정도였다는 것입니다.

저는 장사에 대해 잘 아는 사람이 아니기에 그에게 깊은 상담을 해 줄 수가 없었습니다. 장사에 능한 교회 어른들을 주선해 줄 터이니 그분들과 대화를 해 보라고 권면해 주었습니다. 상황이 어려워질 경우 '썩은 사과는 빨리 먹어버리든지 아니면 버려라' 는 속담을 기억하라는 말도 했습니다. 사업을 오래 하신 장년 한 분과 상담을 한 후, 더 이상 가게를 끌어봐야 임대료만 쌓일 뿐 답이 나오지 않는다는 결론을 내렸습니다. 더불어 차라리 손해를 보더라도 권리금을 낮추고 나름대로 필요한 사람에게 넘기라는 조언도 해주셨습니다. 현재 이 형제는 가게를 접고 아르바이트를 하고 있습니다. 어느정도 몸과 마음을 추스린후 앞으로의 진로를 결정하기로 하였습니다.

일전에 다리의 물집 때문에 수술을 받은 적이 있습니다. 담당 의사는 정형외과 전문의였는데, 옆의 내과 의사가 찾아와 이런 이야기를 하였습니다.

"우리 집사람이 춤추다가 다리를 접질렸대. 뚝 하는 소리가 났다더군. 그러고는 힘을 못 써. 어떻게 해야 하지?"

그러자 정형외과 의사는 내과 의사에게 효과적인 치료 방법을 제시하였습니다. 같은 의사라고 해도 전공이 다르기 때문에 해당 분야 전문가의 의견이 필요한 것입니다. 마침 같은 전공의 후배가 들어 온 것을 본 정형외과 의사는 이렇게 말했습니다.

"요즘 나온 그 시술법이 뭐가 그렇게 좋은 건데? 한 번 설명해 봐!"

하물며 전문가라는 의사들도 서로의 조언이 필요할진데 일반인들은 어떻겠습니까. 세계를 제패한 징기스칸도 많이 배우지는 못했지만 남들의 말에 귀를 기울임으로 현명해지는 법을 배웠다고 합니다. '경청'을 할 수 있는 능력도 경쟁력인 것입니다. 주변 어른들의 조언을 깊이 생각하며 자신을 돌아봅시다. 여러분이 생각지도 못한 부분을 그들은 알고 있습니다.

> "너희를 인도하는 자들에게 순종하고 복종하라. 저희는 너희 영혼을 위하여 경성하기를 자기가 회계할 자인 것같이 하느니라. 저희로 하여금 즐거움으로 이것을 하게하고 근심으로 하게 말라. 그렇지 않으면 너희에게 유익이 없느니라 (히 13장 17절)."

02

크리스천 청년들을 위한 예비하심

코쿤족에서
벗어나라

활기차게 일할 나이임에도 불구하고 학생이나, 고시생 신분으로 만족하는 사람들을 심심치 않게 봅니다. 여러 번 취업을 시도했지만 반복되는 실패로 세상과 단절하고 혼자만의 세계로 들어가 버린 사람들도 쉽게 찾아볼 수 있습니다.

미국 마케팅 전문가인 페이스 팝콘은 자신의 한 저서에서 '코쿤'이란 단어로 이들을 표현했습니다. 코쿤(Cocoon)이란 '누에고치'란 뜻으로, '불확실한 사회에서 단절되어 보호 받고 싶은 욕망을 해소

하는 공간'을 뜻합니다. 다시말해 코쿤족은 '독신으로 안정적인 삶을 지향하는 사람' 혹은 '자신만의 생활을 즐기는 칩거증후군을 가지고 외부와 의사소통이 별로 없는 사람'을 의미합니다. 일본어인 '히키코모리'라는 말도 '은둔형 외톨이'와 비슷한 용어입니다.

이들은 세상과 단절된 생활을 하며 자신만의 세계에서 살아갑니다. 대인 관계에 충격을 받았다든지 따돌림을 경험했다든지 여러 이유에서 말입니다. 악한 마귀가 자책감과 두려운 마음을 심어 자신만의 벽을 쌓게 만든 것입니다.

우리는 그 곳에서 나와야 합니다. 요한복음에 보면 사마리아 여인이 나옵니다. 그 여인 역시 자신을 숨기고 싶어 했습니다. 하지만 예수님이 찾아오셔서 그 앞에 나온 후 완전한 자유를 누리지 않았습니까? 이처럼 밖으로 나오기 쉽지 않은 사람들에게는 멘토가 필요합니다. 이를 위해서 우리를 끌어내줄 멘토가 필요한 것입니다. 이 역할을 감당해 줄 제일 좋은 사람들은 교회의 영적인 선배나 믿음의 동기들입니다. 이들을 따르고 교제함으로써 자신의 벽을 허물 수 있습니다.

우리 삼일교회 단기 선교 팀들이 일본에서 선교 활동을 하고 온

적이 있습니다. 그런데 일본 교회에는 코쿤족의 모습을 보이는 지체들이 많이 있다고 합니다. 선교대원들이 그리스도를 전해주었을 때 그들은 비로소 마음의 자유를 얻을 수 있었습니다. 더불어 밖으로 나오는 자유와 은혜의 역사를 입었습니다. 이것이 바로 영적인 자유자가 연약한 지체들에게 줄 수 있는 선물입니다.

미국의 대기업 운영자들은 협동심에 역점을 두고 신입사원을 채용한다고 합니다. 안으로만 숨어드는 코쿤족들은 이런 사회의 흐름에서부터 벗어나 있기 때문에 영원한 아웃사이더로 남기 쉽습니다.

어느 날 소위 명문대에 입학한 자녀를 둔 아버지의 전화가 왔습니다. 자신의 아들이 남 부러워하는 대학에 들어가 놓고는 하루 종일 컴퓨터 게임만 한다는 것입니다. 처음에는 대수롭지 않게 생각했는데 집으로 학사 경고장이 도착하고 나서야 심각성을 깨달았다고 합니다. 아무리 혼내고 달래도 소용이 없어서 목사인 저에게 전화를 한 것입니다.

저는 그 청년을 교회 모임에 참석시킬 것을 권했습니다. 다행히 우리 교회 청년들의 활동이 활발함으로 청년 담당 리더에게 두 가지 이야기를 하며 형제를 부탁했습니다. 청년 예배가 끝난 후 팀 모임에 적극 참여시킬 것과 국내에 있는 단기선교에 꼭 동참시킬 것이었습니다.

처음에 그는 주일 예배를 겨우 드리는 수준에 머물렀습니다. 하지만 청년 담당 리더가 자주 연락하고 챙겨주니 예배 후 팀 모임에도 자연스럽게 참석하게 되었습니다. 물론 적극적으로 자신을 드러내고 참여하지는 않았지만 점차 그의 눈과 입이 열리며 교제가 이루어지는 모습이 보였습니다. 어느 정도 마음이 열린 듯 보여 국내 단기선교에 동참하라고 권했습니다. 물론 그 청년은 가지 않겠다고 했지만 끈질긴 권면 끝에 결국 참여하게 되었습니다. 그런데 영적으로 마음이 눌려서인지 집에 돌아가겠다며 고집을 부렸습니다. 하지만 리더가 그를 위해 기도하고 권면하며 노력하는 모습을 보이자 결국 일주일을 같이 있게 되었습니다.

코쿤족들은 조금씩 천천히 자기만의 세계에서 나오도록 애써야 합니다. 스스로 외부에 조금씩 자신을 노출시켜야 합니다. 주변에서도 그들을 탓하며 방치할 것이 아니라 적극적으로 도와주어야 합니다.

무녀독남으로 자란 저도 이런 성향이 조금은 있습니다. 그러나 목회자의 길을 걷다 보니 의지와 상관없이 많은 사람을 만나고 이끌어야 했습니다. 혼자만의 시간을 가지는 것이 편하다는 것을 알지만 양떼들을 위해서 늘 북적거리는 환경을 조성해야 했습니다. 그러다 보니 사회성이 조금씩 개발되는 것을 느끼게 되었습니다.

그러나 실제적으로 제게 사회성을 가르쳐준 곳은 군대였습니다. 부모님께서 주시는 것을 부족함 없이 누린 저는 먹고 싶은 것이나 갖고 싶은 것을 절제하는 개념이 부족했습니다. 하지만 군대에 입대하고 보니 많이 먹는다고 핀잔을 주기도 하고, 눈치 때문에 먹고 싶은 것을 포기해야 하는 경우도 생겼습니다. 불편한 순간들이 사회성을 키워준 계기가 되었다는 생각이 듭니다. 이런 경험으로 인하여 사회성이 부족한 코쿤족들에게 단체생활을 권해 주는 것입니다.

그러나 단체생활이 정말 어려운 사람들도 있습니다. 이들에게는 고아원이나 장애시설 등에 대한 봉사를 권해 주고 싶습니다. 봉사를 하다 보면 새삼 자신이 행복한 존재이고 가진 것이 많은 사람인

임을 깨닫게 됩니다. 그러다 어느 순간 자신의 의지와 의욕이 살아나게 됨을 느낄 수 있을 것입니다.

'서로 돌아보아 사랑과 선행을 격려하며, 모이기를 폐하는 어떤 사람들의 습관과 같이 하지 말고 오직 권하여 그 날이 가까움을 볼수록 더욱 그리하자(히 10: 24, 25).' 는 말씀이 있습니다. 이에 순종하다 보면 혼자 라는 것이 편하고 즐겁지만, 공동체 안에 생활하는 것이 더 큰 기쁨임을 깨닫게 될 것입니다.

03 크 리 스 천 청 년 들 을 위 한 예 비 하 심

면접 공포를
극복하라

    면접 공포가 심한 사람들은 면접 장소에 들어가면서 부터 머릿속이 하얗게 비어 버립니다. 이런 사람들은 전문가에게 도움을 청해야 합니다. 스스로 극복하려는 의지는 높이 살만하지만 그에 따른 스트레스와 자괴감으로 더욱 악한 상황으로 치닫기 때문입니다. 따라서 전문의와의 상담과 약물 치료를 병행하는 것이 좋습니다.

    2006년 인터넷 취업포털 잡링크(www.joblink.co.kr)에서는 '면접 때 극도의 긴장감이나 불안함을 느낀 적이 있는가?'라는 내용의 설문조사를 한 적이 있습니다. 이에 68.4%가 그러한 경험이 있다는

대답을 했습니다. 이때 '목소리가 떨린다(29.3%)', '말을 더듬거리거나 횡설수설한다(23.9%)', '식은 땀을 흘린다(16.3%)', '면접관과 눈을 마주치지 못한다(11.4%)' 등의 현상을 겪는다고 합니다.

이렇게 면접 공포를 느낀 사람은 면접 후유증 또한 겪게 됩니다. 면접 후유증은 극도의 자신감 상실과 자기비하(34.5%), 심한 짜증과 신경질(28.3%), 불면증(18.7%), 소화불량(13.2%) 등으로 나타나고 있습니다.

목사라는 직업 때문에 많은 사람들 앞에서 설교를 하게 됩니다. 지금은 대중들 앞에서 설교하는 것이 익숙합니다. 하지만 전도사로 부임 하고 나서 처음 설교 했던 때의 긴장감은 지금도 잊을 수 없습니다. 신학 지식이나 경험도 부족했고 대중 앞에 섰던 경험도 많지 않았습니다. 준비가 부족하니 떨리고 초조했습니다. 사실 처음부터 잘하는 사람이 어디 있겠습니까. 하지만 무조건 잘하고 싶다는 욕심에 강단에 서는 것이 더욱 부담스러웠습니다. 당시는 지금 같이 교회가 성장하지 않은 상태인지라 성도가 그리 많지 않았습니다. 그럼에도 불구하고 경험과 준비부족으로 더욱 움츠려 들었습니다.

부족함을 채우기 위해서 하나님의 말씀을 잘 알아야겠기에 성경도 열심히 보고 기도도 많이 드렸습니다. 무엇보다 수많은 청년 리더들과 함께 나누었던 자료들이 많은 도움이 되었습니다. 더불어 성경의 말씀으로 실력이 쌓여가는 것을 느낄 수 있었습니다. 곳간에서 인심난다고 여유가 생기자 자연스럽게 자신감도 붙었습니다. 어느덧 사람들에게 말씀을 전하거나 그들을 이끌고자 할 때 힘이 들어가는 저의 목소리를 들을 수 있었습니다. 지금은 오히려 수천 명이 모인 집회나 설교 때, 대중들이 주는 힘과 여유를 즐기며 복음을 증거하고 있습니다.

면접 공포로 힘들어 하는 지체들에게 두 가지를 권면하고 싶습니다. 면접 때 자신 있게 이야기할 수 있는 실력(구체적으로 독서나 회사에 대한 상황 파악, 자신만의 생각들)을 기르라는 것입니다. 성격상 그런 부분에 약한 사람도 있을 것 입니다. 대부분의 사람들은 자신 없을 때 더욱 움츠려 들게 됩니다. 지식이 용기를 준다는 사실을 잊어서는 안 됩니다. 많이 읽고, 듣고, 말하다 보면 성장하는 자신의 모습을 느낄 수 있을 것 입니다.

경험도 늘려야 합니다. 두려워하지 말고 자꾸 면접에 부딪혀 봐야 합니다. 무엇이든 자주 하다 보면 익숙해지고 실력이 늘어나게 됩니다. 첫 면접에서 나온 질문에 대답을 못했다고 가정해 봅시다. 그 질문은 두고두고 생각이 납니다. 이러한 문제들을 친구 혹은 선·후배 주위 어른들과 이야기 하다보면 다음 면접에는 '이렇게 해야겠다'는 생각을 하게 됩니다. 자신도 모르는 사이 다음 면접을 준비하는 것입니다.

요즘 저는 '카메라 공포증' 때문에 적지 않은 어려움을 겪고 있습니다. 아무리 많은 사람들 앞이라고 해도 긴장하지 않는 저지만 카메라가 한 대라도 있으면 입이 얼어붙고 맙니다. 카메라가 불편하다는 이유로 피하기만 하면 어떻게 되겠습니까. 카메라 앞에서 긴장하고 실수했던 기억들의 굴레에서 벗어나지 못하고 점점 움츠려 들 것입니다.

직장에 들어간다 하더라도 마찬가지입니다. 한계에 부딪혔을 때 쉽게 포기한다면 다른 어느 곳을 가더라도 적응하지 못할 것입니다. 직장마다 환경은 다르지만 사는 곳은 비슷하기 때문입니다. 군대에 들어가기 전에는 사납고 욕만 하는 고참들이 즐비한 곳이라 생각했습니다. 하지만 상식이 잘 통하는 곳이었습니다. 환경이 아니라 본인의 문제일 수 있습니다. 도피하지 마십시오. 언젠가는 또다시 갈등을 겪게 됩니다. 무조건 승리한다는 각오로 도전해야 합니다.

면접관들이 요구하는 것은 무엇일까요? 교회 집사님 중 오랜 시간 대기업의 면접관으로 활동하신 분이 계십니다. 그분께 여쭈어 보니 면접관들은 양방향의 대화를 원한다고 합니다. 면접관들은 인생의 연륜과 사회경험이 풍부합니다. 면접을 보는 사람들의 눈빛만 보아도 그 사람의 성실함과 진실 됨을 알 수 있습니다. 고학력 실업자가 많다고 하지만 더 좋은 자리와 급여의 회사가 생긴다면 미련 없이 떠날 것을 압니다. 따라서 면접을 볼 때에는 자신의 진심 어린 대답과 마음에서 우러나는 충성을 보이는 열의를 가져야 합니다. 이런 마음가짐이라면 좋은 기회의 문이 열릴 것이라 확신합니다.

면접을 두려워 말고 정면으로 승부하자!

교회에서 저와 같은 부서의 팀장으로 계시는 J간사는 모 경제지의 기자입니다. 이 형제는 자신의 입사비결이 면접 때 펼쳤던 자기 소신과 비전 때문이었다고 간증합니다. 면접관은 '신문사에 들어오려는 이유가 무엇인지'를 물었습니다. 이에 J간사는 '이 신문사를 복음화 하기 위해서'라고 대답했습니다. 그의 충격적인 대답 때문에 잠시 썰렁한 분위기가 감돌았다고 합니다. 여차여차하여 면접이 끝난 후 신문사에서는 작은 논쟁이 일어났습니다. 골수 종교인은 절대 뽑으면 안 된다는 주장과 자신의 소신을 펼 줄 아는 인재를 뽑아야 한다는 의견이 충돌한 것입니다. 하지만 이 형제는 그 신문사의 기자가 되었습니다.

그렇게 신문사에 출근을 하고 보니 사람들이 자신을 주목하더랍니다. '얼마나 복음화 시키는지 보자'는 눈길로 말입니다. 말한 대로 행동 하지 않을 수 없어서 적극적인 전도를 시작했습니다. 신문 가판대의 아저씨까지 전도할 정도로 최선을 다했습니다. 그는 자기가 한 말이 자신을 만들고 세우기도 하는 것 같다고 합니다.

면접을 보러 가기도 전에 지레 겁을 먹는 사람도 있습니다. 이럴 때일수록 하나님께서 우리를 눈동자 같이 지키신다는 신명기 말씀을 기억해야 합니다. 또한 성령께서 우리의 입술을 주관하심을 믿고 나가야 합니다. 이런 자세로 나간다면 그 무엇도 두렵지 않을 것입니다. 악한 마귀는 우리가 강하게 나가면 오히려 꼬리를 내리고 움츠러듭니다. 이러한 마음가짐이 절실히 필요한 요즘입니다.

2005년 12월 포브스 지에는 포브스 발행인이 빌 게이츠와 함께 비행기에서 나눈 이야기가 실려 있습니다. 빌 게이츠는 독특한 면접 방식으로 인재를 뽑는다고 합니다. 1971년 연방 대법원이 직장 내 IQ 테스트를 금지시켰기 때문에 까다로운 면접을 통해 명석하고 적극적인 사람을 뽑는 것입니다. 우수한 인재들이 많아야 회사가 업그레이드되기 때문입니다. 면접 시 빌 게이츠는 이러한 질문들을 합니다. '만약 당신이 농구 감독이라고 치자. 2점을 지고 있는 상태에서 몇 초 남지 않았다. 그렇다면 3점 슛을 쏘아서 경기를 역전시키려 할 것인가 아니면 2점을 넣어서 연장전으로 가고자 할 것인가?' '맨홀 뚜껑은 왜 둥근지 설명해 보라.' '후지산을 어떻게 옮길 것인가?'

우리나라 일부 기업들도 심층면접을 실시하고 있습니다. 교회에서 활동하며 좋은 인간관계를 맺는 능력이 있는 크리스천 청년들에게 이런 식의 면접은 유리할 것입니다. 마음과 생각이 열려있는 우리 청년들이 이런 면접에서 밀린다는 것은 정말 억울한 일입니다. 실제적인 준비와 더불어 면접에 대하여 잘 숙지하십시오. 준비된 자는 두려움 없이 당당할 수 있습니다.

04 크리스천 청년들을 위한 예비하심

갈등 해결
능력이 없이
여리기만 하다

　직장 생활을 하는 대다수 청년들은 직장 내 스트레스에 관한 기도를 빠뜨리지 않습니다. 사회생활 자체가 경쟁의 연속이고, 동료보다 자신의 승률을 높이기 위해 몸부림치다 보니 안식이 없기 때문입니다. 이런 긴장들 때문에 기본적인 업무조차 스트레스로 받아들이게 되는 것입니다.

　K라는 형제는 직장 내에서 갈등이 생길 때마다 전화를 걸어옵니다. 이 형제는 매사에 '그리스도인이 이렇게 해도 되는 것인가' 하는 자책감 때문에 힘들어 하고 있었습니다. 이 내적인 갈등 때문에

몇 번이고 직장을 관두려 했을 정도입니다.

예를 들어 상사가 모 프로그램을 구해오라고 시키면 정품이 아닌 것을 가져다 줘야 하는 자신에 대해 심히 자책을 합니다. 흔히 개인 컴퓨터에 설치하는 한글 프로그램도 정당하게 돈으로 사야 직성이 풀리는 성격인 것입니다. 자신에게 일을 주는 업체들의 대가성 요구에도 심기가 불편합니다. 이런 식으로 자기 주변에 있는 모든 일에 정직히 하려다 보니 본인도 엄청난 스트레스를 받고, 직장 내에서도 융통성이 없는 사람으로 알려졌습니다.

"하나님께서는 형제님이 이렇게 정직하게 생각하고 행동하는 것을 이미 받으셨습니다. 예수를 믿음에도 불구하고 지금의 부조리들을 단지 사회악이자 구조악이라며 미리 포기하는 사람들이 더 문제입니다. 예수님께서는 이 시대를 살아갈 때 뱀처럼 지혜롭고 비둘기처럼 순결하라고 명하셨습니다. 모든 문제를 정직한 마인드로 풀려고 노력은 하되 사회적 관행으로 여겨지는 소소한 일들은 지혜롭게 넘어 가십시오."

저의 이런 조언에 그는 상당히 위로를 받았다고 합니다. 자신이 율법적인 부분이 강하여 정직을 넘어서 주변 사람마저 자신의 잣대로 바라봤다고 고백하였습니다. 이처럼 사회생활의 부적응은 꼭 능력이 떨어지거나 없어서가 아니라 사고방식의 유연성이 없을 때 일어나기도 합니다.

종종 전도를 하고자 우리 교회에 다니는 청년들의 불신자 친구들을 만납니다. 그들과 이야기를 하다 보면 친구가 예수를 믿는 것은 좋으나 만남의 횟수가 줄어드는 것은 싫다고 합니다. 물론 청년이 된 후 생활하는 문화가 달라서 예전처럼 붙어 다니지는 못하지만 그래도 친구를 자주 못 만나니 아쉽다고 했습니다. 이 이야기를 들으면서 믿는 자들이 불신자들과의 접촉을 놓치고 있음을 알았습니다. 우리모두 그들과 지혜롭게 어울리는 방법을 찾기 위해 노력해야 할 것입니다.

제가 아는 남자 집사님이 계십니다. 그분은 회식에 참석하면 술 대신 음료를 마시며 동행합니다. 술에 취해서 제대로 못 가는 동료들을 도와주기도 하고 소지품을 챙겨주기도 합니다. 그러다 보니 전도할 때나 기타 신앙 생활하는 데, 예수를 믿는다고 따돌림 당하지 않습니다. 오히려 빛과 소금의 역할을 하는 것입니다.

또 다른 형제는 직장 동료들이 모두 자신을 적대시 한다고 토로

합니다. 자신이 작은 잘못이라도 저지르면 기다렸다는 듯이 모두가 공격한다고 합니다. 그래서 약점을 안 잡히려고 피하다 보니 사람들과 멀어지고 말았습니다. 동료들과의 만남 자체가 고통이 되어버린 것입니다. 회사의 규모가 작은 관계로 서로의 생활을 다 알정도 친한데 자신만 왕따를 당하고 있으니 일터를 그만두고 싶어 했습니다.

전 그 형제에게 이렇게 조언했습니다. 물론 주변 사람이 형제의 능력(사실 그 형제는 개인적인 능력이 탁월해서 직장에서 실력을 인정 받고 있다)을 시기할 수도 있지만 생각하는 것처럼 그들이 적대적이지 않을 수도 있다고 말입니다. 어쩌면 형제 자신이 마음의 문을 굳게 닫아 버린 것은 아닌지, 너무 민감하게 대응하는 것은 아닌지 생각해 보라고 말입니다.

저의 조언을 들은 형제는 일단 마음을 열고 사람을 대하기 시작했습니다. 완벽함을 추구하며 약점을 잡히지 않으려고 했던 자세를 뒤로 하고, 좀 더 인간미 있게 그들에게 다가가기 시작 한 것입니다. 그렇게 먼저 말을 걸어주고 상대를 향해 웃어 주자 그들도 똑같이 대하더랍니다. 사무실에는 직급과 나이가 비슷하여 항상 경쟁해야 하는 라이벌 관계의 동료가 있었습니다. 2년 전 부터 그 동료와는 사무적인 일 이외의 말은 하지 않았다고 합니다. 하지만 용기를 내어 그에게도 먼저 웃으면서 다가갔습니다. 그러자 라이벌 친구도 자신을 도와주고 웃어주더라는 것입니다. 그 순간 문제는 자신에게 있었다는 것을 깨달았습니다. 타인이 변하기를 바라기보다 자신이 먼저 변한 그 형제는 어느덧 리더로 우뚝 서 있습니다. 만약 개인적인 능력만 믿고 융화력을 끝까지 얻지 못했다면 전체를 이끄는 리더로 서기 힘들었을 것입니다.

크 리 스 천   청 년 들 을   위 한   예 비 하 심

05

부모에게 의존하는 캥거루족은 되지 말자

2006년 1월 3일자 모 신문에는 이런 내용이 실렸습니다.

"가정마다 한 자녀만 갖는 경향이 더욱 뚜렷해지고 있는 가운데 사회 경제적 양극화가 어린이들에게까지 빠르게 확산되고 있다. 많은 어린이들이 한 끼 밥도 제대로 못 챙겨 먹지만 어린이 명품 시장에서는 300만 원짜리 유모차, 4만 원짜리 기저귀, 50만 원짜리 어린이 정장 등이 없어 못 팔정도로 인기를 누리고 있다. 특히 많은 부모들이 한 명의 자녀를 제대로 키우겠다는 생각을 갖고 있어 어린이 사회의 양극화 현상은 더욱 심화될 것으로 보인다."

2005년 인구조사에 의하면 한 가구에 평균 2.9명 정도가 산다고 합니다. 핵가족화가 더욱 확대되었고, 이전보다 출산율도 떨어졌기 때문입니다. 하나 밖에 없는 자녀이다 보니 아이가 너무 귀해서 부족함 없이 키우려고 합니다. 이렇게 자란 아이는 청년이 되어서도 부모님의 도움을 벗어나지 못하고 의지하며 살아가려 합니다.

아들을 장가보낸 한 집사님이 계십니다. 결혼을 준비하는 과정에서 '네가 모아 둔 돈은 별로 없지만, 그것으로 내가 최선을 다해 준비해 줄 터이니 열심히 살아라!' 했더니 아들이 '어머니! 요즘 자기가 돈 벌어 결혼하는 사람이 어디 있어요?' 하더랍니다. 그 말을 들은 집사님은 자기 아들이지만 너무 섭섭하고 철없는 그의 장래가 걱정되더랍니다.

성인이 되어서도 부모의 그늘에서 벗어나지 못하는 사람들을 일컬어 '캥거루족'이라고 표현합니다. 물론 캥거루족 중에는 더 좋은 직장을 준비하기 위해서, 인생을 개척하려는 건설적인 마음으로 부모에게 의지하기도 합니다. 하지만 홀로서기를 할 수 있음에도 불구하고 부모의 테두리 안에 있으려는 안주형 캥거루족은 분명 문제가 있습니다.

앞에서도 말했듯이 저는 무녀독남입니다. 어려운 시대 상황에도 불구하고 '혼자' 라는 이유로 원하는 대로 채워주시는 부모님 덕에 부족함 없이 자랐습니다. 그러다 보니 나이가 차도 독립을 해야 한다는 생각을 하지 못했습니다. 목회를 결심하고 나서도 악착같이 물질을 모아야 한다든가 경제적으로 일어서야 할 필요성을 크게 느끼지 못했습니다. 이런 상태에서 대학원을 다니던 2학년에 결혼이라는 것을 했습니다. 아내도 편입을 하여 역시 학생인 상태였습니다. 한정된 전도사의 월급으로 두 사람이 생활하고 학비까지 대려니 어려운 형편일 수밖에 없었습니다. 그래서 부모님 집에 얹혀살면서 생활하였습니다. 생활에 별 어려움은 없었지만 어려움을 극복하려는 근력이 부족 하다는 느낌을 지울 수가 없었습니다. 부모님께 독립하겠다는 의지를 표명하고 나름대로 노력하기 시작했습니다. 적은 액수이지만 제 급여로 생활비를 충당하기 시작 했습니다. 하지만 두 명의 학비는 감당 할 수가 없어서 부모님의 도움을 받아야만 했습니다. 부모님의 부담을 줄여드리고자 아내는 피아노 아르바이트를 시작하였고 저는 장학금을 탔습니다. 이 시기는 경제적인 독립을 하기 위한 근성을 기를 수 있는 귀한 시간이 되었습니다.

부모를 잘 만난 지체들은 손에 물 한 방울 묻히지 않고 생활합니다. 해외여행도 부담 없고 어학연수, 유학도 마음만 먹으면 갈 수 있습니다. 또 자신의 경제력과는 상관없이 부모의 전적인 도움으로 결혼을 합니다.

반면 어려운 가운데서 가정을 짊어지고 나가야 하는 청년들도 있습니다. 가족의 생계를 위해 막노동도 마다 않습니다. 수산 시장에서 몇 시간 동안 생선 냄새와 싸워가며 아르바이트도 하고, 죽은 사람의 몸을 닦아 가며 돈을 벌기도 합니다. 부모님의 부도로 집안의 빚을 떠안아 결혼도 못 하고 가족을 부양하는 지체들도 보았습니다. 이들은 세상을 살아간다는 것이 얼마나 힘든 일인지, 단돈 몇 만원을 버는 것이 얼마나 피눈물 나는 일인지를 압니다.

부모를 의지며 어려움을 모르는 청년들은 자신의 미래를 위해서라도 둥지를 떠나야 합니다. 험한 세상 속에 자신을 던져봐야 합니다.

창세기 12장 1절~2절을 보면 '여호와께서 아브람에게 이르시되 너는 너의 본토 친척 아비 집을 떠나 내가 네게 지시할 땅으로 가라. 내가 너로 큰 민족을 이루고 네게 복을 주어 네 이름을 창대케 하리니 너는 복의 근원이 될지라.' 라는 말씀이 나옵니다.

여기서 '떠나'라는 단어는 히브리어로 '레크'입니다. 이는 하나님 명령에 의해 자신의 고향으로부터 타 지역으로 이동하는 것을 뜻합니다. 이 명령은 약속의 땅에서 아브람에게 축복을 주시려는 하나님의 은혜를 반영한 것입니다. 하나님의 명령에 따라 아브라함이 익숙한 곳을 떠난 것처럼 우리도 의지하기 쉬운 곳에서 벗어날 필요가 있습니다. 모세도 떨기나무 아래에서 하나님의 음성에 순종하여 이스라엘 백성들을 이끌고 출애굽 했기에 새로운 역사를 쓸 수 있었습니다.

돈과 시간의 공통점이 무엇인지 아십니까? 늘 써도 부족하다는 것입니다. 조금 부족하다고 부모님에게 의지한다면 상황이 좋아져도 결코 홀로서기를 할 수 없습니다. 조금이라도 더 빨리 세상에 내 자신을 던져야 합니다! 빨리 던질수록 자신에 대해 정확한 눈을 뜰 수 있습니다. 세상에 대한 진정한 시각을 가질 수 있는 것입니다.

　사회에서 더 강한 사람이 될 수 있는 지침 몇 가지를 알아봅시다. 스무 살이면 성인입니다. 외국에서는 스무 살이 넘는 자식에게 용돈을 주는 일이 거의 없습니다. 심지어는 어릴 때부터 아르바이트를 시켜 독립정신을 길러 줍니다. 개인의 상황에 따라 다르겠지만 스무 살이 넘으면 용돈은 스스로 해결해야 합니다. 저 역시 열심히 부모님의 돈을 타서 생활한 경험이 있습니다. 그렇기에 '독립적인 자세가 있었더라면 지금쯤 더 나은 사람이 됐을 텐데' 하는 아쉬움이 남습니다.

　무조건 용돈을 받지 말라는 이야기가 아닙니다. 용돈 같이 작은 부분에서부터 독립하려는 자세가 필요하다는 것입니다. 더 나아가서 등록금도 스스로 마련해 봅시다! 대학 등록금이 워낙 비싸다 보니 자녀가 많은 가정에서는 새 학기 마다 집안의 기둥이 흔들린다고 합니다. 등록금 마련에 조금이라도 보탬이 된다면 부모님도 기뻐하심은 물론 정신상태도 더욱 강인하게 변화될 것입니다.

　사업이나 장사를 할 예정이라 생각해 봅시다! 이때 부모가 금전적으로 여유가 있다면 일정부분이나 전적인 지원이 가능할 것입니다. 보기 좋은 떡이 먹기도 좋다고, 이왕 시작한 사업이 폼 나길 바라게 됩니다. 내실보다는 '보여주는 것'에 치중하게 되는 경향이 생깁니다. 이렇게 시작한 사업이 잘 되서 승승장구하면 얼마나 좋겠습니까. 하지만 젊은 패기와 용기 그리고 든든한 재정지원이 있어도 부족한 사회경험으로인해 쉽게 무너지는 경우가 많습니다.

주변의 도움 없이 자신의 힘으로 사업을 시작한다고 가정해 봅시다. 최소한의 투자로 최대한의 이익을 내기 위해 열심히 뛰게 됩니다. 내실을 기하기 위해서 꼭 필요한 것만 구입하고, 인건비라도 줄이기 위해 잠을 설쳐가며 일을 합니다. 크고 작은 어려움 앞에서도 이겨내려는 의지가 강하여 쉽게 주저앉지 않습니다. 힘든 시간들이 인생에 있어 큰 밑거름이 될 것을 믿어 의심치 않습니다.

집안 형편이 여유가 있더라도 스스로 무엇인가 할 수 있음을 보여준 후 도움을 받는 것은 어떨런지요. 부모님의 도움을 빌어 성공했다 하더라도 그 열매가 주는 감동과 귀중함이 스스로의 힘으로 일어선 사람에 비하여 작을 것은 분명합니다.

이러한 측면에서 볼 때 스스로가 인생 설계도를 그리고 행동하고 실천하는 자세가 필요합니다. 천상천하 유아독존 독불장군처럼 자신의 의지를 관철 시키라는 이야기가 아닙니다. 인생 선배들의 조언도 귀담아 듣는 자세가 필요합니다. 하지만 최종적인 결정은 자신이 내리고 추진하는 힘이 필요 한 것입니다. 우리의 인생은 그 누구도 대신 살아주지 않습니다. 여러분 앞에는 무한한 가능성의 문이 놓여 있습니다. 그 문을 열 수 있는 열쇠는 자신이 쥐고 있다는 사실을 잊지 말아야 합니다.

크리스천 청년들을 위한 예비하심

06

의욕 상실형 인간에서 벗어나라

청년 다섯 명 중 한 명은 아예 구직을 포기하고 있다는 기사를 본 적이 있습니다. 나름대로 노력을 기울였으나 뜻대로 되지 않으니 낙망이 찾아온 것이겠지요. 할 수 없다, 실력이 없다, 가정에 기여할 수 없다, 사회에 필요한 사람이 아니다 등의 옳지 않은 생각으로 말입니다. 청년들이 이런 생각을 품게 되는 데는 심리적 영향이 큰 것 같습니다. 요즘 청년들은 자신의 한계를 너무 쉽게 받아들이고 빨리 포기해 버립니다.

일반적으로 청년기에는 비전과 소망을 품어야 합니다. 조금 부

01 · 길은 노력하는 자에게만 드러난다

족할지라도 소망으로 모든 것을 이겨낼 수 있는 시기입니다. 그런데 요새 청년들은 자신의 꿈을 쉽게 놓아 버리고 맙니다.

IMF이후 최대의 경제 불황이라는 요즘 많은 가장들이 생계형 빚에 허덕이고 있습니다. 청년들은 취업이 되지 않아 힘들어 하고 있습니다. 우리가 흔히 말하는 경제생활이란, 사람이 살아가는데 필요한 최소한의 생산·교환·분배·소비의 기본 활동을 뜻합니다. 그런데 이 기본적인 것이 제대로 돌아가지 않으니 정신적인 공황을 겪게 되는 것입니다.

공황상태에 빠지면 세상이 별로 재미없어 보이기 시작합니다. 한 마디로 살아갈 희망이 없어지고 하루하루가 무의미합니다. 그러다 보면 자신을 불신하는 부정적인 자아를 갖게 됩니다. 그리고 도덕적 기준이 낮아집니다. 이전에는 '예수를 믿는 사람이 이러면 안 되지' 생각하며 양심에 따라 생활했습니다. 하지만 견딜 수 없을 정도의 정신적 압박을 느끼면 세상과 타협하려 합니다. 비단 경제생활에 국한 된 것이 아닙니다. 그렇게 취직을 갈망했는데도 길이 열리지 않거나, 혼기가 늦었음에도 결혼할 수 있는 희망이 보이지 않으면 똑같은 감정을 느끼게 됩니다.

인생을 100m 달리기로 비유해 봅시다. 어떤 이는 좋은 환경에서 태어나 남들보다 30m, 50m 앞에서 뛰는 특권을 누리고 있습니다. 어떤 이는 가족의 빚 때문에 출발선도 아닌 50m 뒤에서 시작해야 하는 삶도 있습니다. 그렇다고 누구를 원망하거나 자책할 문제는 아닙니다. 부정적인 시선으로 세상을 바라본다고 해서 해결 될 문제는 하나도 없습니다.

우리에게는 하나님이 있지 않습니까? 이대로 주저앉을 수는 없습니다. 하나님께서는 교만보다 낙심을 더 싫어하십니다. 교만한 젊은이는 하나님의 징계를 통해 정신 차리고 돌아올 수 있지만 낙심한 젊은이는 어떻게 해 볼 도리가 없습니다. 하나님을 향한 기대가 사라지고, 자신에게 실망하며 삶을 포기하려 합니다.

이럴 때는 쉼이 필요합니다. 엘리야는 큰 승리 후에 낙심에 빠졌습니다. 본인이 감당하지 못할 큰 문제에 부딪혔기 때문입니다. 그때 하나님께서 주신 해결책은 바로 쉼이었습니다. 하나님께서는 엘리야를 쉬게 하시고 안정을 찾은 후에야 하시고 싶은 말씀을 전하셨습니다. 그리스도인들에게 예배는 참으로 좋은 회복의 도구이자 축복의 장소입니다. 다른 것을 뒤로 하고 정성스럽게 예배만 드려도 몸과 영이 회복되고 상실된 의욕이 다시 살아나는 것을 느끼게 될 것입니다.

더불어 실천하는 행동력이 있어야 합니다. 오늘도 나무 밑에 앉아서 감이 떨어지기만을 기다리고 있는 것은 아닙니까? 요행을 바라지 말고 열심히 뛰고, 적극적으로 움직여야 합니다.

26세의 나이로 중문과를 졸업한 K자매가 있습니다. 지방 국립대의 경제학과에 다니다가 적성에 맞지 않아 다시 대학을 지원하느라 졸업이 늦었습니다. 다른 이들 보다 출발은 조금 늦었지만 적성에 따라 진로를 바꾼 것은 지금도 잘한 일이라 생각하고 있습니다. 그녀는 자신의 성격에 맞는 서비스업, 호텔, 관광 분야의 취업을 원했습니다. 치열한 취업난으로 인해 일 자리를 고를 수 있는 분위기가 아니었습니다. 그녀는 좌절하지 않고 특유의 부지런함으로 250군데에 지원 서류를 냈고, 50군데 이상 면접도 보았습니다.

이러한 노력 끝에 들어간 곳은 중국과 합작한 한국의 건축회사였습니다. 그녀는 150만 원정도의 월급을 받는 간부수행비서가 되었습니다. 그러나 얼마 지나지 않아 회사의 사정이 어려워 월급도 제대로 받지 못하고 말았습니다. 이때부터 자매의 마음고생이 시작됩니다. 미래가 불확실한 직장을 다니는 것도 힘든 일인데 월급까지 제대로 나오지 않으니 의욕을 잃기 시작한 것입니다. 그녀는 회사를 다니면서 다른 회사를 알아 보았습니다. 그렇게 10개월 동안 다니던 건축회사를 그만두고 입사한 곳은 핸드폰, LCD 모듈을 만드는 타이완의 한 회사였습니다. 3개 월 가량을 국내 에이젼트에서 근무한 그녀는 능력을 인정받아 바로 타이완으로 가게 되었습니다. 연봉은 2,500만원 정도로 보수는 그리 높지 않지만 매우 만족하고 있습니다. '빨리 빨리'를 미덕으로 아는 우리사회와 다르게 타이완은 모든일이 될때까지 기다리는 느긋함이 있다고 합니다. 하지만 만족해하는 가장 큰 이유는 미래와 비전이 있기 때문입니다. 현지에서 생활하다 보니 중국어 실력이 일취월장함은 물론 글로벌한 인간관계를 형성하였습니다. 경제적으로 더 좋은 조건일지라 하더라도 자기개발이 없는 단순직이었다면 오히려 답답함과 아쉬움이 많았을 것이라 고백합니다.

제가 양육하는 25세의 Y자매는 성우의 꿈을 가지고 있습니다.

시험에 붙기만 한다면 크게 성공할 자매인데 벌써 몇 번째 고배를 마셨습니다. 꿈을 이루기 위해 공부하려면 학원을 다녀야 하는데 오랜 시험 준비 탓에 당장 돈 나올 데가 없었습니다. 일단 경제적 문제를 해결하고 성우 시험을 준비 하려고 평소 관심있던 네일 아트를 시작하기로 했습니다.

저렴한 가격에 네일 아트 장비를 구입하기 위해 관련 카페를 살펴보았습니다. 그러던 중 기존 가격에 4분의 1밖에 되지 않는 제품을 발견했습니다. 너무 저렴한 가격에 사기성이 의심되어 전화를 한 곳은 바로 미국의 화장품 회사였습니다. 그쪽에서는 자매가 사이트를 보고 전화를 준 첫 번째 손님이라며 한국에 광고를 많이 하지 않았으니 대량구입을 하면 도매가에 제품을 주겠다는 제안을 했답니다.

자매는 통화를 끝내자마자 활동하는 카페에 공동구매를 올렸습니다. 그러면서도 인지도가 있는 제품이 아니기에 좋은 결과를 기대하지는 않았답니다. 하지만 예상외로 회원들의 반응은 폭발적이었습니다. 특히 사업하는 사람들의 호응이 좋아, 100~500개 씩 주문을 해왔습니다. 별다른 광고도 하지 않았는데 입소문을 통한 주문이 계속 들어왔습니다. 상황이 이렇다 보니 생각지도 못한 많은 이익을 남기게 되었습니다. 덕분에 Y자매는 경제적 부담에서 벗어나 내년 3월에 있을 성우 시험에 매진하고 있습니다. 혹자는 운이 좋았다고 생각할 수 있습니다. 하지만 저는 자매의 노력이 새로운 길을 만들었다는 사실을 알고있습니다.

사업에 성공하여 장사 예찬론을 펼치는 K집사님이 있습니다. 그는 주위의 청년들이 장사를 한다면 적극적으로 독려합니다. '전쟁터에는 장사꾼이 제일 먼저 들어가서 제일 나중에 나온다!'는 말을 하며 사람이 모인 곳이라면 어디서든 장사가 이루어진다고 주장합니다. 시장의 흐름을 읽을 수만 있다면, 장사만큼 돈을 벌기 쉬운 직업도 없다면서 말입니다.

물론 장사라는 것이 순탄하지만은 않다고 합니다. 상대가 계약을 철회할 수도 있고, 물건 값을 제 때에 주지 않아 부도 위기에 처할 수도 있습니다. 하지만 위험 부담이 적은 범위에서 부딪쳐 보면 길이 열릴 것이라고 조언합니다.

아르바이트 · 임시직 등 기회의 끈을 놓지 말아야 합니다. L자매는 방학 때 영화 편집 아르바이트에 지원했습니다. 그런데 한 영화의 작업이 끝나면 또 다른 영화가 연결되어 지금도 편집 일을 계속하고 있습니다. 일전에 그 자매의 영화 시사회에 가본 적이 있는데, 조감독으로 무대에 서 있는 모습이 대견스러웠습니다.

주어지는 기회가 작고 하찮을 수 있습니다. 작은 불꽃이 큰 불꽃을 만들듯 작은 기회가 인생에 반전을 이루는 계기가 될 수 있습니다. 미세한 끈이라도 연결되어 있는 것과 그렇지 않은 것은 큰 차이가 있습니다. 시도하는 사람에게는 기회가 오고 영감이 쏟아지게 마련입니다.

누가복음의 달란트 비유를 기억해 봅시다! 한 개의 달란트를 받은 사람이 인정받지 못한 이유는 그 하나라도 운용하기 위해 애쓰라는 주님의 뜻을 이해하지 못했기 때문입니다. 예수님은 놀고 있는 사람보다는 일하고 있는 이들을 부르십니다. 이는 예수님께서도 직업의 중요성과 현장에서 그들의 땀을 귀히 여기신 것임을 기억하시기 바랍니다.

크 리 스 천   청 년 들 을   위 한   예 비 하 심

07

게으름,
준비 부족자는
아닌가

"목사님, 그리스도인들이 보험에 드는 것이 옳은 것인가요? 하나님께 맡기는 것이 진정한 믿음은 아닌가요?" 개인적으로 청년들에게 이런 질문을 자주 받습니다. 언뜻 듣기에는 후자의 사람이 참으로 믿음이 있어 보입니다. 또 실제로 큰 교회의 장로님께서 '믿는 사람이 하나님의 축복을 구해야지 왜 보험을 드느냐' 고 하시는 것을 들은 적도 있습니다.

저 역시 보험에 들지 않아도 하나님이 큰 위험에 빠지기 전에 막아주신다고 믿습니다. 하지만 자신이 준비 할 수 있는 만큼은 해야

한다고 생각 합니다. 차량보험을 예로 들어, 차 종합보험을 들지 않고 책임보험으로만 버티다 사고가 나면 어떻게 되겠습니까. 경중의 차이는 있겠지만 인명 사고일 경우 구속되거나 엄청난 금액의 보상금을 준비해야 합니다.

물론 이런 어려운 상황을 막아주시는 하나님의 은혜가 있을 것입니다. 성경에 '그런즉 너희 자유함이 약한 자들에게 거치는 것이 되지 않도록 조심하라 (고린도전서 8장 9절).' 는 말씀이 있습니다.

그리스도 청년들은 하나님의 일하시는 부분과 본인 능력의 경계에 대한 고민을 합니다. 그래서 보통 청년들은 하나님께서 예정해 놓으셨으면 자신의 노력이 조금 부족해도 그 길을 가는 것이 아니냐는 이야기를 종종 합니다. 반면 최선을 다해서 노력한다 해도 하나님의 뜻이 아니면 그 길을 가지 못하는 것이 아니냐고도 합니다. 이런 논리는 동전의 양면과 같습니다. 성경의 달란트 비유에서도 알 수 있듯이 받은 분량만 믿고 일하지 않는 자는 가진 것 마저 빼앗깁니다. 하나님의 뜻에 맡긴다고 일하지 않고 준비하지 않는다면 그 길로 갈 수 없는 것입니다. 반면 자신이 부족해도 최선을 다해서 노력한다면 모자란 부분은 하나님의 도움으로 채울 수 있습니다.

이것이 믿는 자의 축복 입니다. 믿지 않는 자들은 노력하지 않으면 당연히 얻지 못하고, 노력한다 할지라도 실력이 없으면 얻지 못합니다. 그러나 믿는 자들은 노력만 한다면 실력이 부족할 지라도 하나님 도움으로 얻을 수 있습니다. 이 얼마나 큰 특권입니까? 우리는 하나님께 감사하며 최선을 다하면 되는 것입니다. 하나님은 우리에게 주신 능력이 스스로의 노력으로 발휘되기를 원하십니다.

1 · 부지런히 많이 보는 자가 인재가 된다

같은 현상을 보면서도 사업 할 거리와 돈이 보인다는 지체가 있는 반면 절망만 보이는 지체도 있습니다. 이는 '볼 수 있는 눈'의 차이 때문입니다. 자신이 보는 능력이 부족하다고 생각되면 성공한 가게, 기업, 공장, 교회, 병원 등을 연구해 봅시다. 잘 되는 곳은 분명 이유가 있습니다.

저는 20대에 어학연수를 목적으로 미국에 머무른 적이 있습니다. 당시 그들의 선진화된 복지 시스템에 감탄을 금치 못했습니다. 하지만 든든한 정부의 지원을 등에 업고 게으르고 방탕한 생활을 하는 사람들이 많았습니다. 조금만 노력하면 더 나은 삶을 살 수 있음에도 불구하고 현실에 안주하며 무의미한 시간을 흘려보내는 그들이 안타깝게 느껴졌습니다.

약간 주제가 벗어난 이야기이긴 하지만 아는 형제 중 국가 유공자 아버님을 둔 청년이 있습니다. 아버지가 국가 유공자이다 보니 국가에서 연금도 나오고, 대학 등록금 면제 혜택도 받았습니다. 군대를 몇 개월만 복무하는 특권도 누렸습니다. 공무원시험을 볼 경우 특별 가산점까지 주어집니다. 그는 지금까지 엄청난 특권을 누리며 살아온 것입니다.

기본적으로 주어진 조건이 좋으면 감사한 마음으로 노력하여 더 좋은 기회를 잡는 것이 지혜로운 삶입니다. 하지만 이 형제는 대학을 졸업할 때까지 공부나 특별한 일을 시도하지 않았습니다. 그 좋은 조건에도 불구하고 안일한 태도로 일관하는 형제가 안타까워 앞으로의 계획을 물으니, 공무원 시험을 본다고 합니다. 그렇지만 공무원 시험준비에 전념하는 모습도 보이지 않고 있습니다. 아무리 좋은 여건이라고 할지라도 본인의 노력 없이는 아무것도 얻을 수가 없습니다.

2 · 기회는 성실한 사람에게 찾아온다

千載一遇(천재일우)라는 말이 있습니다. 천 년에 한 번 만날 수 있는 좀처럼 얻기 어려운 기회는 절대 놓쳐서는 안 된다는 뜻입니다. 미국의 유명한 성공학 권위자인 지그지글러는 '성공은 기회와 준비가 만났을 때 이루어진다'는 말을 했습니다.

우리나라의 프로야구 선수 중 8년 동안 한 게임도 빠지지 않아 1,000경기가 넘는 연속출장이란 대기록을 세운 선수가 있습니다. 성실했기에 기회가 주어졌고 계속 경기에 출전할 수 있었던 것입니다. 저는 이 선수를 '성실왕'이라고 불러주고 싶습니다. 성실한 사람은 특별한 능력이 없더라도 그 집단을 지키는 버팀목이 됩니다. 아무도 알아주지 않을지라도 묵묵히 지도자로서의 자리를 지키는 사람들이 바로 교회의 버팀목인 것입니다. 이들 때문에 성도들은 안심하게 됩니다. 이들은 평소 큰 주목을 받지 못합니다. 하지만 그 집단에서 새로운 인물이 필요하거나 추천을 요할때 결정적으로 부각됩니다. 성실함은 드러남에 있어 어느 정도 시간을 요구하지만 결국에는 열매를 가져오는 특징을 지녔기 때문입니다.

성실함을 이루는 근원은 바로 책임감 입니다. 훌륭한 지도자는 위험한 상황 속에서도 돌보는 양떼들에 대한 책임감으로 앞서 전진합니다. 어떤 사명이 주어지면 변명하기 보다는 이루기 위해 노력합니다. 일이 잘되면 공을 다른 사람에게 돌리고, 잘못되면 자신의 책임으로 전가합니다. 철두철미한 책임감이 성실함을 만들어 가는 것입니다. 이런 사람은 한마디로 건설적인 삶을 삽니다. 능력이 있으나 불성실한 사람이 되기보다는 조금은 부족하지만 성실한 사람이 됩시다. 어느 곳에서든 항상 그 자리에 여러분이 있을 것이라는 확신을 줍시다.

3 · 준비된 사람은 기회를 십분 활용한다

기회를 잘 활용하기 위해서는 필요한 것이 준비되어 있어야 합니다. 준비가 되지 않으면 기회가 와도 제대로 잡을 수 없습니다. 저는 링컨의 '공부하고 준비하리라. 그러면 반드시 기회는 찾아온다!' 라는 말을 금과옥조처럼 마음에 새기고 삽니다. 부족하고 미약하나마 나름대로 쓰임 받는 이유는 필요한 부분에 대해 최소한의 준비가 되어 있었기 때문이라고 생각합니다. 기회가 오더라도 감당할 준비가 되지 않은 사람은 쓸 수가 없습니다.

저는 담임목사님의 '준비하는 교역자'라는 말씀을 참 좋아합니다. 그렇다고 늘 대단한 준비를 하는 건 아닙니다. 타고난 능력을 가진 사람이 아니기에 노력하지 않으면 일을 감당할 수 없음을 깨닫고 꾸준히 준비할 뿐입니다.

4년 전쯤 체력이 떨어짐을 느끼고 러닝머신을 하나 샀습니다. 아내는 대부분의 사람들이 며칠 사용하다가 빨래걸이로 사용하는 것을 많이 봤다며 끝까지 말렸습니다. 하지만 저는 매사에 결심을 하고나면 열심히는 아니더라도 꾸준히 하는 성질을 가지고 있습니다. 그 후 4년째 매일 같이 뛰지는 않지만 걷기라도 하면서 늘 사용하고 있습니다. 중국어 학원도 몇 년째 다니고 있습니다. 20대처럼 빠른 속도는 아니지만, 중국어에 대한 감각은 잃지 않으려 합니다. 열성을 다해 준비하지는 않더라도 멈추지는 않고 있습니다. 중국 속담의 '느린 것을 염려하지 말고, 멈추는 것을 두려워하라!'는 말을 신조로 삼으면서 말입니다.

준비함 없이는 결코 전진시킬 수 없습니다. 그래서 우리는 최소한의 자기 개발을 멈추어서는 안 됩니다. 흔히 보게 되는 연예인이 그렇고 각 분야의 위치에서 롱런하는 사람의 특징도 그렇습니다. 그들은 자기 개발을 게을리 하지 않습니다. 이런 사람은 끊임없이 기회를 창출하고 전진해 나아갑니다.

1993년에 출간된 '나의 문화유산 답사기' 란 책을 기억할 것입니다. 좁기만 하다고 생각한 우리나라를 넓게 보게 한 책이란 평가로 교과서에까지 실린 바 있습니다. 이 책의 명제는 '아는 만큼 보인다' 는 것입니다. 지식이 부족하면 다 비슷해 보입니다. 하지만 지식을 쌓게 되면 다른 관점으로 바라볼 수 있게 됩니다. 사업으로 비유해 볼까요? 협상을 하거나 동업을 하는 상황에서도 더 많이 알고 준비한 사람이 늘 우위에 섭니다. 꾸준히 준비한 사람만이 지식을 쌓고 볼 수 있는 눈이 생기는 것입니다. 아테네 올림픽 금메달 리스트이자 '한판승' 이란 별명을 가진 이원희 선수가 이런 이야기를 했습니다. '연습한 분량은 속일 수 없다' 연습처럼 정직히 나타나는 것은 없다는 이야기입니다. 운동과 사업, 공부 등 모든 요소들이 준비 없이는 발전할 수도 유지될 수도 없는 것입니다.

4 · 기회가 주어졌으면 일 감당의 키맨이 되어라

'기회는 새와 같은 것, 날아가기 전에 꼭 잡아라'는 속담이 있습니다. 교회 안에서도 자신의 달란트와 강점을 활용할 분야를 찾아서 열심히 준비하는 자세가 필요합니다. 일단 일이 맡겨지면 완벽히 성취해내야 합니다. 굳이 교회 뿐 아니라 어느 공동체건 말입니다. 만약 직원이 한두번의 실수를 했다면 상사는 슬쩍 눈감아주고 다시 기회를 줍니다. 더 이상의 실수를 예방하기 위해서 코치까지 해 줍니다. 하지만 실수를 만회하지 못하고 거듭하면 차라리 다른 사람을 찾게 됩니다.

우리나라의 영화산업은 상당히 발달하였습니다. 이를 반영이라도 하듯이 극장, DVD, 비디오, 핸드폰 등을 통해서 많은 이들의 사랑을 받고 있습니다. 저는 외화들을 볼 때마다 번역가란 직업을 가진 사람들이 얼마나 많을까 생각 하곤 했습니다. 하지만 대부분의 영화 번역이 소위 'Bic 3'로 불리는 세 사람이 거의 소화하는 사실을 알게 되었습니다. 그러나 처음부터 이들에게만 기회가 주어지지는 않았을 것입니다.

08 크 리 스 천   청 년 들 을   위 한   예 비 하 심

로또복권형?
일확천금을 노리는
사람이 되지 말자

제가 아는 청년 한명은 사업이 잘 되지 않자 주중의 하루를 로또 사는 날로 정했습니다. 당첨번호가 발표되는 주말까지는 마음의 여유를 가질 수 있기 때문입니다. 하지만 휴지 조각이 된 로또를 보면 마음이 다시 서글퍼진다고 합니다. 물론 그 형제의 마음을 충분히 이해 합니다. 작은 복권 한 장으로 마음의 위로를 얻는다면 그것을 막고 싶지는 않습니다. 그렇지만 당첨될 확률이 거의 없는 복권에 기대는 마음을 가지고 있지는 않습니까? 꼭 복권이 아니더라도 한 방에 승부를 보려는 마음이 있지는 않습니까? 인생은 생각만큼 간

단하지 않습니다.

　재봉틀을 발명한 하우에 대한 재미있는 일화가 있습니다. 하우는 재봉틀을 만들고자 노심초사 연구에만 매달렸다고 합니다. 그러나 아무리 생각해 보아도 방법이 떠오르질 않던 중 꿈을 꾸게 되었습니다. 꿈속에 나타난 미개인들은 '만약 재봉틀을 만들지 않으면 죽이겠다!'고 위협하더랍니다. 하우는 애를 써봤지만 결국 재봉틀을 만들지 못했습니다. 이에 격분한 미개인들이 하우를 창으로 찌르려고 하는데, 순간 창끝에 구멍이 나 있는 것을 보게 된 것입니다. 하우는 꿈에서 본 창끝에서 힌트를 얻어 재봉틀을 발명하게 되었습니다.

　세상에는 이처럼 행운이나 우연을 통해 놀라운 일들이 벌어지기도 합니다. 하지만 우리가 인생을 살아가는 데 우연을 가장한 행운을 만나기란 그리 쉽지 않습니다. 최선을 다하는 사람에게 기회가 열리고 눈물로 씨앗을 뿌리는 자가 기쁨의 열매를 거두는 것이 일반적인 예입니다.

　과거 빌 게이츠가 하버드 법대 2학년을 중퇴했을 때 많은 사람들이 의아해 했을 것입니다. '학교를 졸업하고 일하면 좋지 않을까?' 혹은 '학교를 다니면서 해도 되지 않을까?' 빌 게이츠는 급변하는 세계에서 주도권을 잡기 위한 시간과의 싸움이 절실했습니다. 우리나라 기업들이 세계시장에서 승리하기 위하여 초를 다투는 것과 같은 원리입니다. 선두에 선 사람들은 겉치레나 다른 사람의 눈을 의식하지 않고 승리하기 위해 짐이 될 것들은 벗어 버리려 합니다. 마라톤 선수가 승리를 위해 최소한의 복장만 갖추듯이 말입니다.

하지만 이런 상황이나 절박한 위치가 아님에도 불구하고 단지 빨리 시작하면 무엇인가 이룰 수 있겠다는 생각에 주어진 역할을 버리는 사람도 있습니다. 자신이 다니는 학교가 별 유익을 주지 못한다거나 조금이라도 빨리 돈을 벌어야겠다는 생각 때문입니다. 그러나 평범한 젊은이가 휴학을 해서 돈을 벌거나 사업을 성공할 가능성은 그리 크지 않습니다. 계획도 없이 학교를 그만 두면 얻는 것보다 잃는 것이 훨씬 많을 것입니다.

이왕 빌 게이츠 이야기가 나왔으니 그가 고등학교 졸업식장에서 했다는 연설을 인용하고자 합니다. 학생들은 대학을 중퇴하고 사업에 뛰어든 그에게 특별한 이야기를 듣기 위해 기대하고 있었습니다. 그러나 빌 게이츠는 '만약 대학에 가서 우직하게 공부만 하는 둔한 친구들이 있다면 그들과 친해져라! 왜냐하면 나중에 여러분이 그들 밑에서 일할 가능성이 크기 때문이다'라고 했습니다. 요행이나 일확천금을 꿈꾸는 사람보다는 우직하고 성실한 사람에게 더 많은 실력과 기회가 쌓임을 빌 게이츠도 간파한 것입니다.

09 크리스천 청년들을 위한 예비하심

역경지수 최하형에서 탈피하자

요즘 젊은이들은 얼굴형을 비롯하여 키나 몸무게 같은 외형이 상당히 서구화되었습니다. 사회적으로 서구형 미의 기준이 요구되는 시대에는 확실히 좋은 소식입니다. 하지만 체력이나 기본적인 정신력 등은 많이 약해져 있습니다. 턱걸이나 오래 달리기 같이 지구력을 요구하는 종목에는 유독 약한 모습을 보입니다. 이는 평소에 생활모습에도 반영됩니다. 조금만 시련이 닥쳐와도 참지 못하고 극단적인 행동을 하는 젊은이가 많아졌습니다. 부모님들의 과잉보호속에서 젊은이들이 고난을 몸소 체험하는 일이 적었기 때문입니다.

예나 지금이나 20대의 형제들에게 가장 힘든 관문 중 하나는 군 입대 입니다. 처음으로 겪는 군내무반 생활은 이전의 보이스카우트 때의 낭만적인 캠프와는 전혀 다릅니다. 그러다 보니 군에서 일탈을 하거나 극단적인 선택을 하는 젊은이들이 많습니다. 이런 일들이 자꾸 일어나다 보니 군 당국에서는 여러 가지 대책을 세우고 있습니다. 그중 하나가 선·후임 병간에 존댓말을 쓰게 하는 것입니다. 원래 군이라는 것은 기본적으로 나라를 지키는 강력한 조직입니다. 따라서 규율이 엄격하고 체계가 갖추어져야 다른 나라도 그 군에 대하여 함부로 하지 못한다고 합니다. 군대에서 줄을 세울 때에는 사회의 일반적인 잣대와 다른 방법을 사용합니다. 일반 학교에서는 키가 작은 순에서 큰 순으로 줄을 세우지만 군에서는 반대로 키가 큰 사람을 앞에 세웁니다. 그리고 키가 큰 순서대로 일을 맡기기도 합니다. 체격이나 기타 조건이 좋은 군인들이 앞에 있을 때 상대편이 기가 죽어 함부로 하지 못하기 때문입니다. 그래서 군에서 특별행사를 위해 군인들을 차출할 때 역시 체격이 좋은 순으로 뽑습니다. 이렇게 엄격한 군에서 선임들도 존댓말을 쓰게 하는 등의 강구책을 내놓는다니 문제가 아닐 수 없습니다.

K형제는 20대 후반에 취직을 시작하여 30대 중반인 지금까지 최소한 열 군데가 넘는 곳을 옮겨 다녔습니다. 어떻게 보면 이것도 형제의 능력이지만 현재는 나이도 들고 사회적인 상황도 여의치 않아서 자영업 쪽으로 관심을 갖는 중입니다. 이 형제와 상담한 이야기를 적어보겠습니다.

형제는 지적과를 졸업하고 27살에 건설회사에 들어갔습니다. 그곳에서 2년 7개월을 근무하였지만 IMF가 터져서 회사는 부도가 나고 그 여파로 형제는 직장에서 나오게 되었습니다. 그 후 1년을 쉬었다고 합니다. 그런데 생각해 보니, 건설회사는 특성상 전근이 잦은 등 결혼을 하면 문제가 많겠다 싶어 다른 업종에 취업을 했습니다.

30살에 들어간 곳은 카센터였습니다. 물론 자동차정비 기술을 배우러 들어간 것입니다. 막상 취업을 해 보니 기술을 배우는 동안은 돈 생각 하지 말라는 암묵적인 요구가 있었습니다. 카센터에서는 한 달에 50만원씩 받으면서 12시간 동안 일을 했습니다. 그런 생활이 반복되다 보니 자신이 폐인처럼 느껴지기 시작했습니다. 별다른 비전도 없어 보여서 6개월 만에 그만두었습니다.

그래서 31살에 다시 건설회사로 들어갔습니다. 전에 다니던 회사 사람의 소개로 들어갔는데, 면접 전에 했던 이야기와 면접 후의 회사 생활이 매우 달랐답니다. 면접을 볼 때에는 파주에서 일 하기로 했는데 무주로 발령이 났던 것 입니다. 월급도 처음 이야기와 달리 30만 원 정도나 적게 주었습니다. 결국 일주일 만에 그만두면서 건설업과는 인연을 끊기로 결심했습니다.

직장생활로 비전이 안 보인다는 생각에 벤처 붐과 더불어 인터넷 쇼핑몰을 시작했습니다. 수익보다는 비전 때문에 시작한 일입니다. 하지만 곧 자신과 소비자들의 취향이 다름을 느끼고 1년 만에 손을 떼고는 2001년도에 TV 홈쇼핑을 시작했습니다. 선배와 함께 옷을 제작하는 일이었습니다. 시작할 때는 괜찮았는데 2년 정도 지나자 소비자들의 호응이 떨어져 사업이 어려워졌습니다. 계절에 민감한 홈쇼핑 특성상 타이밍을 맞추기가 힘들었다고 합니다.

2003년도에는 정장을 판매하는 매장에서 계약을 하고 일을 시작했습니다. 2~3년 후 제품을 제공받고 매장을 꾸릴 수 있는 권리를 갖기로 했습니다. 그런데 이것 역시 처음과 이야기가 자꾸 달라지더랍니다. 구두로 계약을 해서인지 4~5년 후에나 매장을 꾸릴 수 있는 권리를 주겠다는 말에 결국 마음을 접게 되었습니다.

현재는 액세서리 사업을 추진하고 있습니다. 하지만 이전보다 더욱 걱정스러워 합니다. 기존에 했던 일들은 큰돈을 투자하지 않았지만 이번 일은 부모님께서 도와주시기 때문입니다. 처음으로 사장이라는 자리에 서기 때문에 부담감도 큽니다. 하지만 그 동안의 경험으로 성공하는 방법은 몰라도, 어떻게 하면 망하는지는 알겠다고 합니다. 처음에 쉽게 포기 하다 보니 스스로 무너지는 일이 많던 형제입니다. 사실 저는 이형제를 나쁘게만 보지 않습니다. 안 되는 것을 계속 붙들고 있으면 실패의 위험도 더 크기 때문입니다. 그를 보면서 개인의 실수나 노력 여하가 아닌, 사회경기에 따라 한 직장의 성패가 좌우됨을 알 수 있었습니다. 어쨌든 이 형제가 비전 있는 직종에 마음을 내리고 최선을 다해 매진하여 성공했으면 하는 바람입니다.

반대로 한 자리에 오랫동안 버텨서 빛을 본 자매도 있습니다. 여의도의 디자인 회사에 다니는 C자매입니다. 이 자매는 교회와 회사 생활을 열심히 합니다. 자기 개발에도 관심이 많아 틈만 나면 자신의 발전을 위한 시간 투자를 합니다. 회사를 다니면서도 편입을 준비했고, 결국 당당하게 명문대학에 합격했습니다.

그런데 합격을 하고 나니 몇 가지 고민이 생겼습니다. 자신이 원하는 대학에 다니며 그 동안 하고 싶었던 공부를 하는 것도 매력적인 일이 될 것입니다. 하지만 현실적으로 무작정 직장을 던져버리기에는 아쉬움이 남았습니다. 저는 기회가 왔다고 무작정 뛰어들기보다는 한 번 더 생각하라고 권면했습니다. 이 자매는 결국 진학을 포기하기로 했습니다. 정규직의 일자리를 놓치기도 아깝고, 새로운 공부를 시도 할지라도 이후의 미래가 불확실하기 때문입니다. 당시 대부분의 사람들은 힘들게 편입해 놓고 왜 다니지 않느냐면서 이상히 여겼습니다. 그런데 6개월이 지나지 않아 외환위기가 터졌습니다. 지금 이 자매가 다니는 회사는 들어가고 싶어 하는 사람이 폭주할 정도로 상한가를 치는 곳이 되었습니다.

밑바닥부터 시작해서 하나하나 배워가라

　한 직장에서 진득이 오래 있어야 성공한다는 입장과 시대의 흐름 따라 빨리 옮겨줘야 자신의 가치가 올라간다는 대립된 의견이 있습니다. 나무는 옮겨 다니면 거목으로 성장할 수 없습니다. 마찬가지로 사람이 너무 쉽게 옮겨 다니면 그 일을 깊이 배울 수 없고, 위기 때마다 난관을 극복하는 법을 배우지 못합니다. 대기업의 CEO로 명성을 떨치는 사람들이 영업부터 시작했다는 소리를 종종 들었을 것입니다. 현장에서의 치열한 삶이 그들을 성공한 인생으로 만들어 놓았습니다.

　과거 성균관대학교 교수님 중 「컬러 리더십」의 저자 분의 이야기를 들은 적이 있습니다. 그 분은 몇 장의 어린이들 사진을 보여 주며 누구인지 맞춰 보라고 했습니다. 첫 번째 사진의 아이는 현재 프로야구 선수 이승엽 씨였습니다. 초등학생 시절 차 뒤에서 V를 그리고 있는 장난스러운 모습이었습니다. 어려서부터 승리를 기원한 것 같습니다. 또 아주 힘없이 앉아서 멍하니 하늘을 쳐다보는 아이는 박찬호 씨라고 했습니다. 이효리 씨라고 생각했던 아이는 박경림 씨였습니다. 많은 어린이들을 보여주고 나중에 각 분야에서 영향력 있는 사람으로 변화된 모습을 말해주었습니다. 이는 인간이란 결국 환경에 의해 만들어져 간다는 것을 설명하기 위함이었습니다.

누구나 좋은 환경을 원합니다. 누구나 영향력이 있는 사람이 되고 싶어 합니다. 진정 좋은 환경이란 무엇일까요? 자신을 성숙하고 늘 영적으로 긴장하게 만드는 것이 좋은 환경일 것입니다. 지금은 비록 긴장되고 피곤하지만 성숙하고 발전할 수 있도록 환경을 주관해 달라고 기도해야 할 것입니다. 환경은 하나님이 주시는 것이기 때문입니다.

행복한 상황을 모르고 떠난 폐해

신앙생활을 하는 분 중 자신이 속한 교회를 떠나 새로운 곳을 찾아가는 것이 행복할 것이라고 생각하는 분들이 있습니다. 어떤 사람은 주변인들이 마음에 들지 않는다고 혹은 직장이 마음에 들지 않는다고 불평불만을 늘어놓습니다. 물론 교회와 직장, 주변 사람들에게 문제가 있을 수 있습니다.

하지만 자신이 속한 교회가 마음에 들지 않아서 다른 곳으로 옮긴 분들의 고백은 대부분은 대부분 이렇습니다. 처음에는 새로 옮긴 교회가 그렇게 좋을 수 없답니다. 그런데 시간이 흘러 내부를 보게 되면 전에 다니던 교회와 똑같은 유형의 문제들이 여전히 그곳에 산적해 있음을 알게 됩니다. 또한 인관관계의 기반이 없기 때문에 더 힘들어 집니다.

직장생활도 마찬가지입니다. 직장을 옮기게 되면 사람관계와 업무적인 부분에 적응하기 위해 노력해야 합니다. 내려가는 것은 쉬워도 다시 올라가기는 어려운 법입니다.

다른 종교에서 '내 탓이오' 라는 말을 하는데 이는 오히려 기독교가 외쳐야 하는 말이 아닌가 생각 합니다. 우리의 죄 때문에 예수님의 십자가에 못 박히셨습니다. '모든 게 내 탓' 이라는 생각을 가지면 풀리지 않을 문제가 없습니다.

창세기에 나오는 요셉은 막내로 곱게 자랐습니다. 그의 아버지가 채색 옷을 입히며 특별한 대우를 한 것만 보아도 귀하게 자란 아들임을 알 수 있습니다. 이렇게 세상모르고 편하게 자란 그가 나라의 총리가 되고 미래를 읽고 유능한 사람으로 거듭나게 됩니다.

요셉이 미래를 읽는 능력으로 리더로 거듭난 곳은 바로 '감옥' 안이었습니다. 감옥에 다녀 온 사람들은 다시는 들어갈 곳이 아니라고 절규합니다. 유흥업에 종사했던 한 자매가 교회에 들어와 지갑을 훔치고 교회 밖에서도 범죄를 저지르다가 경찰어세 들어간 적이 있습니다. 사건에 연관된 지체들이 진술을 하러 경찰서에 갔기에 저도 그 자매를 만나 보았습니다. 그녀는 다시 감옥에 가야 한다는 두려움에 비누를 먹으며 격렬히 울부짖고 있었습니다. 이런 극한 장소에 갇혔으니 요셉 또한 얼마나 답답하고 죽고 싶었겠습니까? 그런데 그런 고난이 그를 만들어갔습니다. 지하 감옥에서 몇 년간을 보내는 것은 실로 고통스러운 일일 것입니다. 그렇지만 그는 고통의 시간을 밝은 미래로 가는 기회로 만들었습니다.

우리 교회 담임 목사님은 평소에 산악자전거를 즐깁니다. 산악자전거는 매우 활동적인 운동입니다. 평지에서 타는 자전거야 여성도 쉽게 할 수 있지만 험한 산 속을 따라 오르내리는 산악자전거는 상당한 체력과 인내를 요하는 고난도의 스포츠입니다. 우리 교회 교역자들 중 속도에서 최고라는 한 목사님은 자전거로 자동차 비슷한 속력을 내다 넘어져 쇄골을 다치기도 했습니다. 담임 목사님도 수십 차례의 충돌로 부상에는 이골이 났을 정도입니다.

우리 교역자들이 모두 산악자전거에 몰입 한 후 처음으로 대성리 근처의 산으로 캠프를 떠났습니다. '선무당이 사람 잡는다' 는 말처럼 산악자전거의 세계를 잘 모른 15명의 교역자들이 무작정 산 속으로 들어 간 것입니다. 알고 보니 그곳은 산악자전거를 즐기는 사람들 중에서도 중급 이상이 들어가는 험한 코스였습니다. 아침부터 점심을 지나 계속 반복되는 험한 진군 속에서 우리는 지칠 대로 지쳤습니다. 돌아가고 싶어도 돌아갈 수 없고 전진하는 것만이 살 길이었습니다. 우리는 밤이 어둑해져서야 지친 몸을 이끌고 숙소로 돌아올 수 있었습니다. 하지만 이 격렬한 운동은 우리에게 무엇이든 할 수 있다는 자신감을 갖게 했습니다. 이 후로는 어떤 곳에 나가도 두렵지 않다는 의식이 생겼습니다.

조금만 심하게 일을 시키면 뛰쳐나오고 싶은 사람이 있습니까? 인내심이 없고 조그마한 난관에도 쉽게 좌절하는 청년이 있습니까? 그렇다면 심한 고통과 고난이 있는 일자리를 찾아봅시다. 치열하고 숨 돌릴 수 없을 정도의 힘든 일을 시도해 봅시다. 그러면 인내가 무엇인지 배울 수 있을 것입니다. 그런 일을 계기로 젊음의 피를 다시 한 번 불태울지 모를 일입니다. 비단 아르바이트나 직장이 아니라도 좋습니다. 격한 운동이라도 한 번 시도해 봅시다. 극한 상황에서 자기 자신을 시험해 봅시다. 새롭게 도전할 의식과 어려움을 견뎌낼 정신력을 얻을 수 있을 것입니다.

세상의 모든 일은 노력의 과정을 필요로 합니다. 노력과 인내없이 열매만 기다리는 것은 참 그리스도의 자세가 아닐 것입니다. 지금 여러분 앞에 놓인 험난한 길의 끝에는 하나님의 뜻이 이루어 놓은 값진 열매가 열리고 있을 것입니다.

지친 청년들이여… 조금만 더 힘을 냅시다. 조금만 더 전진 합시다. 모든 어려움은 곧 지나가게 되어 있습니다.

02
하나님을 바라보면 예비하심이 보인다

01 · 고난이 아닌 하나님께 집중하길 원하신다 02 · 지금의 고난을 통해 더 강해지길 원하신다 03 · 영적으로 더 강해지길 원하신다 04 · 나의 아픈 경험이 하나님의 도구로 쓰인다 05 · 하나님은 다른 길을 열어주길 원하신다 06 · 하나님의 때는 따로 있다 07 · 기도의 분량이 차야한다

01　크 리 스 천　청 년 들 을　위 한　예 비 하 심

고난이 아닌
하나님께 집중하길
원하신다

　몇 년째 100통 가까운 이력서를 넣었는데 직장도 잡지 못하고 취업 연령이 넘었다면 어떻게 하겠습니까? 혹은 원하는 직장에 계속 이력서를 넣었는데 지원 연령이 넘었다면 어떻게 하겠습니까? 또는 최선을 다해 하나님을 의지하며 시도했는데 이제는 지원할 자격마저 빼앗겼다면 어떻게 하겠습니까? 아침에 일어나서 살아야 할 아무 이유도 발견하지 못하고, 공허하고 답답해서 미쳐버릴 것 같으면 어떻게 하겠습니까? 공허함과 고통을 어떻게 채워나가야 하는지 괴로워하고 있습니까? 이럴 때는 자신을 무능하다 치부하

지 말고 가볍게 생각하는 지혜가 필요합니다. 지금의 고난은 하나님의 뜻이 아닌 것입니다. 새로운 길이 예비되었음을 기대하고 다른 방향을 모색하면 됩니다. 생각지도 못했던 놀라운 일들이 우리를 기다리고 있습니다.

예레미야서를 한 번 봅시다. 절망감에 빠진 사람에게 하나님이 어떻게 이야기하시는지 1장 19절에 보면 나와 있습니다. '그들이 너를 치나 이기지 못하리니 이는 내가 너와 함께 하여 너를 구원할 것임이니라 여호와의 말이니라.' 라고 하십니다. 두려워하는 예레미야에게 주변 상황과 환경이 결코 그를 건드릴 수 없다는 말씀을 하십니다.

자신을 괴롭히는 세력들이 있습니까? 성령께서 보고 계시니 걱정할 것 없습니다. 때로는 그 세력들 때문에 분노하고 그들 때문에 마음이 흔들릴 수 있습니다. 하지만 그와 나 사이를 하나님께서 심판하십니다. 두려워하지 맙시다.

'프랑크 시나트라'는 미국의 전설적인 가수 입니다. 그의 많은 노래가 히트했지만 'MY WAY'는 대표곡으로 지금까지도 사랑받고 있습니다. 가사가 많은 사람에게 어필하기 때문입니다. 이 노래의 내용은 '내 인생 내 방식대로 살았다'는 것입니다. 어떤 어려움이 있어도 자기 힘으로 이겨냈다는 것입니다. 그래서 노래 마지막에는 "IN MY WAY...(내 방식대로 했네)"로 끝냅니다. 지난 시간을 돌아보니 자신의 방식대로 살아왔기 때문에 앞으로도 그대로 살아야 한다는 자조적이지만 스스로를 위안하는 내용입니다. 그러나 이것은 마음 안에 하나님이 없는 이들이 자신 밖에는 의지할 대상이 없기 때문에 부르는 노래입니다. 만약 우리가 하나님을 사랑하고 삶의 우선순위를 그 분께 두었다면 이런 고독은 사라졌을 것입니다.

고난의 시기를 보내고 있습니까? 해결책이 어디 있다고 생각하십니까? 고난의 해결책이 하나님께 있음을 믿으십니까? 그 믿음이 당신을 고난에서 건져낼 귀한 무기가 될 줄 믿습니다. 모든 문제가 이제 주님 안에서 해결되기를 바랍니다.

크 리 스 천   청 년 들 을   위 한   예 비 하 심

02

지금의 고난을 통해
더 강해지길
원하신다

'남의 암이 나의 감기보다 못하다' 는 말이 있습니다. 자신의 작은 고민이나 고통이 타인의 절망보다 크게 다가온다는 의미 입니다. 다시 말하면 사람은 뭐든 자기중심적으로 생각하고 행동하는 경향이 있다는 것입니다.

2005년 8월 24일자 모 일간지에서 미국의 한 대학 교수가 쓴 글을 본 적이 있습니다. 한 대학에서 15년 동안 인류학을 가르친 교수인데 요즘 학생들이 이해가 되지 않는다는 이야기로 글을 시작했습니다. 자신이 공부할 때와 달리 수업시간에 발표도 하지 않고, 책

도 미리 읽어오지 않고, 연구실로 교수를 만나러 오지도 않는다는 이야기였습니다. 저는 이 기사의 내용에 적잖은 공감을 느꼈습니다. 언젠가 어학원에서 자판기의 커피를 뽑고 있었습니다. 분명 제가 돈을 넣고 커피가 나오기를 기다리고 있는데 뒤에 있던 스무 살 정도의 아이들이 가로채 뽑아가는 것입니다. 황당하고 어이가 없기도 해서 무슨 짓이냐고 했더니, '뭐 이런 걸 가지고 그러느냐'며 오히려 큰 소리를 쳤습니다. 요즘 청년들의 행동은 30대인 저도 이해하기 힘들 때가 많습니다.

아무튼 그 교수님은 아이들을 이해하고 싶은 마음에 안식년을 신청했습니다. 그리고는 자신이 교수로 있는 대학의 1학년에 등록하여 학생들과 똑같이 강의를 들으며 기숙사 생활을 시작했습니다. 그러던 어느 날, 일반 학생들과 똑같이 제대로 수업 준비를 하지 못하는 자신을 발견하게 되었답니다. 과목당 과제들이 너무 많아서 수업시간에 내주는 자료조차 제대로 읽을 시간이 없었습니다. 자신의 수업을 수강하는 학생들이 많은 것은 강의 내용이 좋아서라 아니라 듣기 좋은 시간대에 편성되어 있기 때문이라는 것도 알게 되었습니다. 다시 강단으로 돌아온 교수는 과제물의 양도 20%로 줄이고 학생들의 입장을 이해하기 위해 노력했다고 합니다. 반대로 어느 학생이 교수가 되어 볼 수 있다면 서로의 입장을 이해하게 될 것이라고 생각합니다. 이처럼 사람은 자신이 당면한 일은 크게 느끼고 남들에게 생기는 커다란 고난은 심각하게 생각하지 못합니다. 직장을 찾는 것도 마찬가지입니다. 남들이 하던 큰 사업이 망하거나 잘 다니던 직장에서 해고되는 것보다 자신이 원하는 곳에 취직이 되지 않는 것이 더 큰 고통으로 다가오는 것입니다.

취업이 안 되거나 하는 일이 계속 실패할 때 느끼는 감정은 무엇입니까? 개인이 겪는 마음의 상태는 복잡하고도 괴롭기 그지없습니다. 힘들게 고생하여 학업을 마치게 해 준 가족에게 미안하고 면목이 없습니다. 어떤 형제는 미칠 정도로 미안하기까지 하다고 합니다. 물론 가족이니까 나름대로는 이해하겠지만, 면목도 없고 가족과 주위 사람에게 신임도 못 주어서 마음이 힘들다고 이야기 합니다.

또 교회나 그 외의 사람들이 자신을 바라보는 이목도 부끄럽게 느껴집니다. 부모님이 남들 이목에 신경 쓰는 것은 당연 하지만 자존감이 많이 무너졌다고 합니다. 거기에 더해서 오랫동안 취업이 되지 않으니 자기 개발도 되지 않습니다. 일단 쓸 돈이 없으니 자신을 위해 투자도 못합니다. 시간이 지나면서 자신이 쌓아온 실력도 퇴보한다고 느낍니다. 취업을 준비하는 시간에 영어와 독서도 하려고 했는데 마음의 여유가 없어진다고 합니다. 지원하는 회사에 대해 일일이 연구도 해야 하고, 기본적인 취업 준비만 해도 시간이 빠빠하다고 합니다.

기도하고 최선을 다했지만 돌아온 것은 처절한 실패 밖에 없습니다. 제가 참으로 안타까움을 가지게 되는 것 중 하나가 형제들이 그토록 결혼을 하여 가정을 이루고 싶어하지만 적당한 일자리가 없어 하지 못하고 있다는 이야기를 들을 때입니다.

한국 청년들의 높은 실업률과 조기 퇴직은 일반적인 추세입니다. 여러분에게만 오는 것이 아니라 많은 사람에게 동시에 찾아오는 고난이라는 것입니다. 사회적인 큰 현상을 자신의 무능으로만 치부하지 말아야 합니다. 용기를 내서 일어나야 합니다. 세상에 누가 남들처럼 평범한 인생을 살고 싶지 않겠습니까? 우리가 바라는 평범한 삶은 행복한 것입니다. 남과 비교해서 평균적으로 모든 것이 유지될 가능성은 그리 높지 않습니다. 반드시 한두 가지 이상의 부족함은 모든 사람에게 있는 법입니다.

저는 올해로 결혼생활 6년 차에 접어듭니다. 하지만 자녀는 없습니다. 부모님은 슬하에 저 하나를 두셨기 때문에 우리 자녀에 대한 간구가 특별합니다. 하지만 아내가 건강이 좋지 않아 낳을 수 있는 형편이 아닙니다. 이런 부족 때문에 남과 비교하며 우울하게 지내지는 않습니다. 있는 것에 만족하고 행복하고 감사함을 느낍니다.

저는 자녀가 없기에 아버지의 깊은 사랑을 잘 모릅니다. 하지만 아버지의 사랑이 얼마나 큰지를 알게 된 사건이 하나 있었습니다. 교회 교인의 장례식장에 참석하기 위해 어둠이 걷히기 전인 시각에 차를 몰고 원효대교를 건너가고 있었습니다. 그런데 대교 중간쯤에서 한 사람이 뛰는 모습을 보았습니다. 새벽인 데다 검정색 양복을 입고 있어서 잘 보이지 않아 하마터면 사고가 날 뻔했습니다. '아니 세상에 저런 미친 사람이 있나! 이 새벽에 인도도 아닌 차가 다니는 대교 위를 검정양복을 입고 뛰어가다니!' 그런데 살펴보니 눈에 익은 사람이 아니겠습니까? 우리 교회에서 같이 일하는 후임 부목사님이었습니다. 저는 비상등을 켜고 차를 세워 급히 부목사님을 태우고는 위험천만한 대교위에서 무슨 짓이냐고 물었습니다. 목사님은 두 살짜리 아들이 간암에 걸렸다며 수술을 해 주어야 살 수 있다고 합니다. 자신의 간을 이식해주고 싶지만 지방간 때문에 불가능하다는 진단을 받았답니다. 살을 빼서 지방간 수치가 낮아져야 수술이 가능하다는 이야기를 들은 것입니다. 아들에게 간을 이식해 주기 위해 살은 빼야겠는데 도저히 따로 시간을 낼 수 없어 심방이나 일을 보러 다닐 때 뛰어 다닌 것입니다. 상황이 이렇다 보니 그 위험한 대교 위에서 장례식장에 가는 시간을 이용하여 운동을 할 수 밖에 없었습니다. 이를 계기로 아버지의 사랑이 얼마나 위대한 것인지 어렴풋이 이해하게 되었습니다.

청년들은 명절에 취직과 결혼에 관한 질문을 받는 것이 큰 스트레스라고 합니다. 여러 지체들이 공통적으로 어려움을 호소하는 것을 보니 개인에 국한된 문제가 아니라는 생각이 듭니다. 이 사회와 시대의 고통인 것입니다. 결혼과 취업 앞에서 자신에게만 특별한 고난이 있다고 생각하지 마십시오. 많은 사람들이 겪는 어려움이지만 하나님의 깊은 뜻이 여러분에게 작용한다고 믿어야 합니다. 믿음의 각오와 위로가 없으면 지칠 수밖에 없습니다.

하나님은 지금의 고난을 통해 더 강해지길 원하십니다. 비온 뒤 땅이 더 굳어지듯이 현재의 어려움을 통하여 여러분이 더 강건한 사람으로 태어나길 바라십니다. 최후에 웃는 자가 진정한 승리자입니다. 주위 사람들과 비교하며 자책하지 마십시오. 하나님의 뜻을 믿고 끊임없이 전진한다면 그들보다 더 강한 사람이 되어있는 자신을 볼 수 있을 것입니다.

03

크 리 스 천   청 년 들 을   위 한   예 비 하 심

영적으로
더 강해지길
원하신다

가만히 돌아보면 개인적으로 이해가 되지 않는 일들이 많이 있습니다. 일례로 돈을 아껴서 산 산악자전거를 2주 만에 도난당한 적이 있습니다. 대만 선교대원 300명을 이끄는 대표인 제가 선교를 떠나기 전날 여권을 잃어버려 홀로 출국하지 못한 일도 있습니다. 어느 날 심방을 갔다가 돌아오는 골목에서 강도에게 쫓기는 여성을 도와주다 손목이 찢기는 부상을 당하기도 했습니다. 하나님께서 바라보시는데 왜 자꾸 이런 일이 생길까 하는 의문이 생기기 시작하였습니다.

그 때 하나님이 응답을 주셨습니다. 예수를 믿는 사람들이 무조건 일이 잘 풀리고, 하는 일마다 번성하는 것이 가장 좋은 길인가라는 것이었습니다. 만사가 태평하고 삶이 술술 풀린다면 복음의 전사로서 전투력을 잃어버리고 세상에 안주하게 될 위험이 있습니다. 사도 바울이 영적으로 강했던 이유는 많은 고난을 받았기 때문입니다. 하나님은 우리를 당신의 사람으로 쓰시기 위해서 영적으로 더 강해지기를 원하십니다. 때문에 고난도 만나게 하시고 하는 일도 잘 안 풀리게 하시는 것 입니다.

사도 바울은 우리보다 훨씬 억울한 사람입니다. 고린도후서 11장 24~27절을 보면 유대인들에게 사십에 감한 매를 다섯 번 맞고 세 번 태장으로 맞고 한 번 돌로 맞고 세 번 파선하여 일 주야를 깊음으로 지냈다고 합니다. 강도의 위험, 동족의 위험, 광야의 위험, 거기다 자지 못하고 주리며 목마르고 헐벗었다는 고백이 있습니다. 결국 결혼도 못해보고 천국에 갔습니다. 사도 바울은 우리보다 훨씬 억울한 사람입니다. 게다가 훨씬 비참해 보이는 사람입니다. 그러나 그의 인생에 하나님의 인격적인 개입이 있었다는 것은 너무나도 분명합니다. 고생만 하는 것 같지만, 하나님의 섭리였기에 기쁘게 감당했던 사도 바울은 하나님 관점에서 복음의 영웅인 것입니다.

자신의 상황이 정말 불행하다고 느끼는 사람이 있습니까? 더 이상 견딜 수 없다고 절규하고 있습니까? 직장에서 비전을 발견하지 못하고 있습니까? 취직도 못해서 낙오자로 남아 있습니까? 이런 질문을 스스로에게 던지고 하나님의 섭리를 생각해 봅시다. 우리의 안 되는 일과 아픔도 하나님의 섭리임을 인정할 때 비로소 그 아픔을 통해 나와 다른 사람을 세워갈 수 있는 것입니다.

우리는 헬렌 켈러가 주는 메시지에서 큰 감동과 위로를 받습니다. 본인의 아픔도 크지만 그것을 슬퍼하는 데에 머물지 않고 다른 사람을 세워주는 글을 쓰고 위로를 전파하기 때문입니다. 헬렌 켈러가 쓴 「사흘만 볼 수 있다면」이라는 책을 읽고 많은 감동을 받은 적이 있습니다.

"만약 내가 사흘간 볼 수 있다면, 첫째 날에는 나를 가르쳐 주신 설리반 선생님을 찾아가 그분의 얼굴을 뵙고 싶습니다. 그리고 산으로 가서 아름다운 꽃과 풀, 빛나는 노을을 보고 싶습니다. 둘째 날에는 새벽에 일찍 일어나 먼동이 트는 모습을 보고 싶습니다. 저녁에는 영롱하게 빛나는 하늘의 별들을 보겠습니다. 셋째 날에는 아침 일찍 큰 길로 나가 부지런히 출근하는 사람들의 활기찬 표정을 보고 싶습니다. 낮에는 아름다운 영화를 보고 저녁에는 화려한 네온사인과 쇼윈도의 상품들을 구경하고 싶습니다. 그리고 밤에 집으로 돌아와서는, 마지막으로 사흘간 눈을 뜨게 해 주신 하나님께 감사의 기도를 드리고 싶습니다."

 헬렌 켈러는 아무 것도 볼 수 없고 들을 수 없는 사람입니다. 하지만 볼 수 있다는 것을 상상하는 자유만으로도 행복감을 느끼고 있습니다. 하나님을 만난 사람이기 때문에 이 모든 것이 가능한 것입니다.

크 리 스 천   청 년 들 을   위 한   예 비 하 심

나의 아픈 경험이
하나님의 도구로
쓰인다

　A형제는 회사에서 실직을 당하였습니다. 실직을 하고 나니 그동안 쉬지 않고 일을 한 지쳐버린 몸과 마음을 추스르고 싶었답니다. 그래서 몇 달 동안 나올 실업급여에 의지를 하면서 백수생활을 시작했습니다. 처음에는 너무 좋았답니다. 비록 수입은 없어 졌지만 그동안 앞만 보고 달려온 시간을 멈추고 자신을 돌아볼 수 있게 된 것 입니다. 하지만 이런 쉼도 석 달이 넘어가자 생활이 흐트러지고 늘 피곤에 찌든 모습이 되었습니다. 이 시기 형제의 모습은 너무 초췌해서 이상하게 여겨질 정도였습니다. 그 형제는 일하다 가끔

쉬는 것은 큰 기쁨과 회복을 주지만 오래 쉬니까 무기력해 진다고 하소연 하였습니다.

그러다 이 형제가 오퍼상(무역대리업)을 시작했습니다. 하나님 축복으로 사업이 번창하기 시작해 매출이 기하급수적으로 늘어났고, 나중에는 돈이 너무 많아져서 주체할 수 없을 정도가 되었습니다. 밤에 돈을 세다가 지쳐 쓰러져 잠이 든다고 농담을 할 정도였습니다. 회사의 규모가 커지자 직원들이 필요하게 되었습니다. 그래서 교회 안에 있는 실직 형제들에게 아르바이트 자리를 주기 시작했습니다. 돈도 벌면서 미래를 준비하라는 배려에서였습니다. 언젠가는 교회 안의 청년들과 상담을 하는데 대부분이 그 형제의 직장에서 아르바이트를 할 정도였습니다. 이 형제는 본인이 쉬는 동안 일 자리가 너무나도 절실했었기 때문에 그런 자리가 필요한 사람들의 마음을 이해할 수 있었던 것입니다. 자신의 아픔이 결국 다른 사람을 도와줄 수 있는 마음과 행동으로 연결된 것입니다. 가진 사람의 부가 개인의 것만이 아니라는 사실도 이 형제를 통해 보았습니다.

이렇듯 '힘'이라는 것은 사용할 만한 것입니다. 인간관계의 모든 상황에서 이 힘의 역학관계는 작용합니다. 이것이 악한 곳에 사용되면 사람들이 피해를 보지만, 정의에 사용되면 사람들이 세워지기 때문에 여간 기쁜 일이 아닙니다. 그래서 우리는 하나님께 능력, 즉 '힘'을 달라고 기도해야 합니다. 신앙을 가졌던 위대한 인물들을 봅시다. 힘이 생기면 악한 제도를 바꾸기도 합니다. 미국에서 가장 존경받는 대통령 3명 링컨, 루즈벨트, 워싱턴이 그러하였습니다. 많은 청년들이 이와 같은 힘 있는 사람이 되길 바랍니다.

크 리 스 천   청 년 들 을   위 한   예 비 하 심

05

하나님은
다른 길을 열어주길
원하신다

J형제(34)는 고시공부만 10년을 했습니다. 대학 2학년인 1992년부터 사시를 시작해서 2003년까지 계속 시험을 쳤습니다. 물론 그 사이에 군대를 다녀왔습니다. 항상 아슬아슬하게 시험에 떨어진 아쉬움 때문에 10년 동안을 계속 공부만 해왔습니다.

하지만 시간이 길어지다 보니 본인도 갈등이 생겨 기도를 통해서 하나님의 인도를 받고자 했습니다. 철야기도를 통해서 말입니다. 그는 기도를 하던 중 2002년도가 마지막 사시라는 결론을 내렸습니다. 그래서 2003년 6월 말에 바로 취업 준비를 시작했습니다. 오

랜 고시준비로 사회 감각도 없고 취업연령도 거의 마지노선에 걸린 상태였습니다. 그래서 일단 인터넷 지원부터 시작했습니다. 하지만 인터넷은 접근의 용의성 때문인지 지원자가 많은 관계로 쉽지 않았습니다. 하지만 포기하지 않고 다방면으로 시도했습니다. 한번은 과 선배가 나와서 인터뷰를 했는데 그도 고시공부를 하다 회사에 다니는 케이스라서 많은 도움을 받았습니다. 이를 발판으로 자신감을 얻어 2달 동안 50군데에 지원을 했습니다. 그 중에서 다섯 군데 면접을 보고 H제지 인사팀에 들어가게 되었습니다. 고시 준비로 20대를 다 보냈지만 지금이라도 회사 생활을 하면서 사회의 한 구성원으로 일 할 수 있다는 생각에 감사의 기도가 절로 나왔습니다. 기도가 자신의 삶을 인도해 주었기 때문에 앞으로도 끊임없이 기도하겠다는 각오도 새롭게 하였답니다.

고시를 준비하면서 취업 때문에 고민하는 사람들에게 권면하고 싶은 말이 있습니다. 고시에 아깝게 실패하는 경우가 종종 있습니다. 그러다 보니 자칫 직업 고시인이나 고시 폐인이 될 수 있습니다. 고시를 준비하며 1~2년을 대수롭지 않게 보낼 수도 있습니다.

하지만 예상했던 것보다 시간이 많이 지나면 문제가 됩니다. 고시를 준비할 때는 3~4년 정도의 데드라인을 잡고 도전하는 것이 좋습니다. 몇 년이 되던 될 때까지 해야 한다는 생각은 그리 경제적이지 못합니다.

이때 중요한 것은 끝까지 기도의 끈을 놓지 말아야 한다는 사실입니다. 어떤 상황이든지 기도하면 하나님께서 인도해 주신다는 믿음을 가지십시오. 지금 여러분이 준비하는 것외에 또다른 길이 있다는 가능성을 열어두면서 살아야 합니다. 하나님께서는 우리가 생각지 못했던 길을 보여주시고 인도해 주십니다. 또한 그 길이 하나님이 예비하신 것이라면 최고임을 의심하지 말아야 합니다.

06 크리스천 청년들을 위한 예비하심

하나님의
때는
따로 있다

저는 친구들에 비하여 운전을 오래 한 편입니다. 스무 살이 되자 운전면허를 취득하여 차를 몰기 시작했습니다. 면허를 취득한 날이 만우절이라 친구들이 믿지 않았지만 어찌 되었든 부모님 차를 몰고 다녔습니다. 하지만 서툰 운전 때문에 차가 성한 곳이 없었습니다. 그런 차를 보고도 별로 나무라지 않으신 부모님께 지금도 감사한 마음을 가지고 있습니다.

운전을 하다 보니 제가 길 눈이 그리 밝지 않다는 것을 알게 되었습니다. 아무리 쉬운 길이라도 혼자 가야 할 때면 지도를 보고 확인을 해야 찾아 갈 수 있었습니다. 천부적으로 길눈이 어둡다 보니 처음에 가졌던 운전에 대한 열정은 사라지고 차에 대한 관심도 서서히 줄어 갔습니다. 그런데 공교롭게도 군대에서 운전병에 뽑히게 되었습니다. 운전을 좋아하지 않는 사람이 운전병이 되었으니 스트레스가 많았습니다. 대대장님을 모시고 지방에 갈 때는 더욱 신경이 쓰였습니다. 우여곡절 끝에 제대를 하고 나니 운전하기가 더욱 싫어 졌습니다. 제 차의 운전대도 친구들에게 맡기는 일이 비일비재했습니다.

그러던 어느 날 복음과도 같은 일이 일어났습니다. 네비게이션이라는 기계가 나온 것입니다. 네비게이션을 차에 부착한 후 운전습관이 완전히 달라졌습니다. 마음에 안정감을 얻다 보니 운전하는 것이 스트레스가 아닌 기쁨이 되었습니다. 역시 사람은 심리적인 영향을 많이 받는가 봅니다. 아마 네비게이션은 길 물어 보기 싫어하는 성향의 남자들에게 복음과도 같은 물건일 것입니다.

그런데 이 네비게이션을 사용하던 초반에 의아할 때가 있었습니다. 제가 알고 있는 길과 전혀 다른 방향으로 이끌 때가 있었기 때문입니다. 기계에 문제가 있나 싶어서 다시 작동시켜도 보았지만 여전히 그곳을 가리켰습니다. 이런 와중에 집회가 있어서 충청북도에 내려갈 일이 생겼습니다. 경부고속도로를 타고 가는 것이 맞는데 네비게이션이 영동 방면을 가리키는고 있었습니다. 잘못 작동되는 줄 알고 원래 길을 따라 가려고 하다가 '혹시 새로운 길이 있는 것이 아닐까' 하는 생각에 지시하는 방향으로 따라 갔습니다. 네비게이션은 영동고속도로를 타고 가다가 충북 쪽으로 빠지는 새로운 고속도로로 안내하고 있었습니다. 결과적으로 목적지에 빠른 시간에 도착할 수 있었습니다. 이것을 통해 다시 깨달은 것은 경험에 한정된 제 생각과 판단보다는 위성에서 감지하고 비쳐주는 지도가 더욱 확실하다는 것이었습니다.

　이것을 믿음으로도 비유할 수 있습니다. 여러분이 가야 하는 길이 자신의 생각과 다를 수 있습니다. 하지만 믿음을 가지고 따라가다 보면 쉽고 빠르게 목적지에 닿을 수 있습니다.

> 내 생각은 너희 생각과 다르며 내 길은 너희 길과 달라서 하늘이 땅보다 높음 같이 내 길은 너희 길보다 높으며 내 생각은 너희 생각보다 높으니라 (이사야서 55장 8,9절).

우리 교회에 다니는 K자매가 있습니다. 이 자매는 30대 초반에 직장을 그만 두고 구직을 준비하고 있었습니다. 결혼할 나이가 됐음에도 불구하고 형제를 만날 낌새도 보이지 않았습니다. 더구나 재정적인 문제로 어떻게든 직장을 구해야 할 상황이었습니다. 안타까운 마음에 그 자매에게 새벽마다 최선을 다해 기도하자고 권면했습니다. 사실 기도하자는 것밖에는 해 줄 말이 없었습니다. 자매는 원래 교회에서 청년팀을 맡은 성실한 팀장이었기에 믿음이 좋았습니다. 목사의 권면대로 새벽마다 최선을 다해 기도하는 모습을 보면서 하나님께서 좋은 직장과 형제를 줄 것을 기대했습니다.

그러던 중 안타까운 일이 발생했습니다. 이 자매가 새벽기도를 마치고 집에 가는 길에 지갑을 잃어버린 것입니다. 그리고는 며칠이 지나서 어떤 사장이라는 분이 이 자매에게 연락을 해왔는데 지갑을 주웠으니 자신의 회사로 찾아오라는 것이었습니다.

이것이 바로 하나님의 섭리였습니다. 그 사장은 당일 어찌 된 일인지 차를 타고 가지 않고 걷게 되었다고 합니다. 그러다가 이 자매의 지갑을 발견한 것입니다. 이 자매가 사장실로 찾아가자 그는 환하게 웃으며 다음부터는 조심하라며 지갑을 돌려줬다고 합니다. 자매가 감사의 인사를 하며 돌아 나오려는 순간 사장은 '아가씨는 직장은 어디 다니나요?' 하고 물었답니다. 그 순간 자매는 쑥스러운 듯이 지금은 직장을 다니지 않는다고 대답했고, 잠시 침묵이 흐른 후 사장은 자신의 직장에서 일하고 싶지 않냐는 제안을 했습니다.

사도행전 3장에 보면 베드로와 요한이 기도하러 올라가다 앉은뱅이를 만납니다. 세상에 희망이 없는 그에게 베드로는 이렇게 외칩니다. '은과 금은 내게 없거니와 내게 있는 것으로 네게 주노니 곧, 나사렛 예수 그리스도의 이름으로 걸으라 (행 3:6).' 이 말씀처럼 우리도 세상의 문제와 고난으로 취직을 못한다 하여 주저앉지 말고 힘을 얻어 일어나야 합니다.

우리에겐 문제를 푸는 여러 방법이 있습니다. 그 중 가장 강력하고 확실한 길은 기도입니다. 세상 사람처럼 우리도 열심히 취업을 준비하고 미래를 준비해야 합니다. 우리의 가장 큰 특권인 기도를 누리지 못하는 인생이 되어서는 안 될 것입니다. 하나님은 우리의 모든 문제를 푸는 인생의 정석이시기 때문입니다.

크 리 스 천   청 년 들 을   위 한   예 비 하 심

07
기도의
분량이
차야 한다

우리 교회는 수천 명의 청년들이 새벽기도의 은혜에 동참합니다. 이 중에는 예나 지금이나 꾸준히 하는 청년들도 있고 요즘 들어 열심히 하는 지체들도 있습니다.

근래에 들어 새벽기도를 열심히 하는 지체를 만났습니다. 이전에 충분히 수면을 취하던 시절이 그립지 않느냐고 물어보니, 늦잠을 자야 피로가 풀린다고 생각하는 것은 착각이고 말 했습니다. 프리랜서라 생활이 불규칙 했는데 오히려 일찍 일어나니 자기관리가

저절로 되어 좋다는 것입니다.

　과거 소련의 스탈린에게는 대표적인 침실이 7개 있었답니다. 깨어서도 독살의 위험을 느끼며 늘 불안했기 때문에 누구도 어느 곳에서 자는지 모르게 했다고 합니다. 이렇게 불안해하며 세상에서 최고의 위치에 사는 것이 행복한 삶일까요?

　세상을 사는 방법에는 두 가지가 있습니다. 첫 번째는 자신의 목적과 목표를 이루기 위해 모든 것을 집중하는 것이고, 두 번째는 목적과 목표를 이루어 주시는 분은 하나님이라는 것을 마음속으로 고백하며 뛰는 것입니다. 어떤 사람이 스트레스 덜 받겠습니까? 당연히 후자입니다. 더불어 후자가 목적과 목표를 더 잘 이루기도 합니다. 이것이 바로 하나님께서 우리에게 주시는 상인 것입니다.

　신앙 상담을 할 때마다 문제를 가지고 오는 청년들에게 '목숨 걸고 기도하십시오. 마음이 바뀔 뿐 아니라 실질적인 문제도 해결해 주십니다. 더 나아가 능력도 주십니다!' 라고 조언 합니다. 하나님께서 주시는 능력은 실제적인 것 입니다. 헌신의 기도를 하면 반드시 응답이 오게 되어 있습니다. 하나님은 살아서 지금도 역사하시기 때문입니다.

우리 인생을 한 번 돌아봅시다. 주변에 문제들이 산적해 있고 인생이 풀리지 않습니까? 본인이 행복하고 풍성한 인생 살기를 바랍니까? 그럼 부르짖읍시다.

03
시대를 보면 예비하심이 보인다

01 · 실업문제로 인한 신 빈곤층의 증가 02 · 무한경쟁의 세계화 시대 – 불안정한 직업, 넉넉하지 않은 수입 03 · 기계화로 인한 일자리의 소멸 시대 04 · 틈새가 좁아진 사회, 높아진 진입 장벽 05 · 조기 퇴직의 시대 – 이제 평생직장은 사전 속에서나 찾아야 한다 06 · 승자가 모든 것을 가져가는 양극화 시대

01

크 리 스 천   청 년 들 을   위 한   예 비 하 심

실업문제로 인한 신 빈곤층의 증가

요즘 우리나라는 중산층이 무너져가고 신 빈곤층이 증가하고 있습니다. 부모세대는 은퇴를 했는데 자녀세대가 취업을 하지 못해서 경제력을 잃은 가정이 늘어나고 있습니다. '난장이가 쏘아 올린 작은 공'이란 소설이 있습니다. 산업화 시대의 그늘에서 신음하는 도시하층민의 삶을 담아낸 조세희(63)씨의 연작소설로, 1978년 출간된 이후로 지금까지 많은 독자들에게 읽혀지고 있습니다. 억압의 시대를 기록한 이 소설이 아직도 읽혀지는 것은 역설적이지만 30여 년 전의 불행이 끝나지 않았음을 보여주는 예인 것 같습니다.

일전에 간호사로 일하는 자매와 통화한 적이 있습니다. 1학년 여대생이 카드빚 때문에 고민하다가 락스를 마시고 실려 왔다는 것입니다. 빚의 고통이 자신을 죽음으로 던져 넣을 만큼 심각했던 모양입니다.

요즘 뉴스를 보면 보험금을 타내기 위해 자기 자신에게 상처를 입히거나, 산에 올라가 배우자를 해치려는 사건들이 나옵니다. 이는 극단적인 생각을 할 만큼 궁지에 몰려 있는 우리 사회의 단면을 보여주는 듯합니다.

먹고 살기는 해야 하는데 직장은 구할 수 없으니 아르바이트로 생계를 유지하는 청년들이 늘어나고 있습니다. 요즘 흔히 말하는 프리터족이 바로 그들입니다. 프리터족이란, 영어의 자유롭다는 '프리(Free)'와 독일어의 근로자 '아르바이터(Arbeiter)'의 합성어입니다. 즉 돈이 급할 때만 임시로 취업하고 정식으로 직장을 구하지 않는 사람들을 말합니다. 부모 세대가 피땀 흘려 장만한 집에 부모와 같이 지내면서 그 돈으로 한적하게 취미활동을 즐기며 살아가는 35세 미만의 젊은 층을 부르는 것입니다.

하지만 '한국형 프리터'는 다릅니다. 취업이 안 돼서 아르바이트로 생계를 유지해 가는 사람들입니다. 취업 관련 사이트인 인크루트가 회원 1,028명을 조사한 결과 아르바이트자의 59.8%가 정규 일자리를 구하지 못해 일용직으로 생활 하는 것으로 나타났습니다.

이 같은 사회적 상황 속에서 청년들은 나름대로 행동 양식을 취하게 되는데 그들의 유형은 다음과 같습니다.

2005년 쏟아진 취업시장 신조어들. 당신은 공시族? 배터리族?

· 갤러리족 : 골프장 구경꾼인 갤러리처럼 회사의 어떤 일에도 관심이 없고 그냥 지켜만 보는 직장인

· 올드 보이 : 졸업을 늦춘 채 구직활동을 펴고 있는 대학 5학년생

· 공시족(公試族) : 정고시, 사법고시, 외무고시처럼 어렵다는 7·9급 공무원 채용시험을 준비하는 사람들

· 신(新) 기러기족 : 직장을 그만두고 뒤늦게 지방에 있는 의대와 약대, 한의대 등으로 진학한 사람들. 대부분 가족과 떨어져 생활

· 셀러던트 : 샐러리맨(봉급 생활자)과 스튜던트(학생)의 합성어로 공부하는 직장인

· 나토(NATO; No Action Talking Only) 족 : 말만 그럴듯하게 늘어놓고 실제

로 행동하지 않는 직장인

· 베터리족 : 실직하거나 자발적으로 퇴사한 이후 재충전의 시간을 갖고 있는 30대 중반

· 줌마렐라(Zoomarella)족 : 아줌마와 신데렐라의 합성어로, 신데렐라처럼 아름다우면서 적극적인 성향을 지닌 30, 40대 기혼 여성

· 체인지족 : 남편의 실직으로 전통적인 남편과 아내의 역할이 바뀐 부부. 남편은 육아와 가사를 담당하고 아내가 가정 경제를 책임

〈출처 : 2005. 12. 16. 동아일보〉.

02 크 리 스 천   청 년 들 을   위 한   예 비 하 심

무한경쟁의
세계화 시대
– 불안정한 직업, 넉넉하지 않은 수입

    2006년 스위스 제네바에 본부를 둔 국제노동기구(ILO)는 「노동시장주요지표(KILM)」라는 보고서를 통해 지금까지의 '세계화 10년'은 빈곤층을 줄이지 못하고 일자리 없는 성장만 이루어졌다는 경고성 발표를 한 바 있습니다.
    얼마 전 우리 농민들이 홍콩에서 열린 세계화 회의에 반대하는 집회에 참석했다는 뉴스가 크게 보도된 적이 있습니다. 왜 우리 농민들이 홍콩까지 가서 집회를 했습니까? 세계화 시대이기 때문입니다. 옆집 순희네랑 경쟁하는 것이 아니라 미국에 있는 리처드 씨

와 경쟁하기 때문입니다.

　이것은 비단 농민들만의 문제가 아닙니다. 바로 우리의 문제입니다. 과거 우리나라에는 제조업 공장이 참 많았습니다. 하지만 지금 저임금을 강점으로 내세우는 중국으로 넘어갔습니다. 중국 사람들은 일을 못해서 안달입니다. 일례로 중국 공장은 24시간 쉬지 않고 힘들게 일을 하는 근무조건에도 일하고 싶어 하는 사람들이 공장 밖에서 기다린다고 합니다. 아무리 열악한 환경이라고 해도 그 자리를 대신할 사람들이 많다 보니 인건비가 저렴할 수밖에 없습니다. 우리나라와는 비교도 안 되는 가격의 제품을 생산해내고 있는 원동력은 바로 인력입니다. 현실이 이렇다 보니 'Made In China'가 어느덧 우리 생활을 지배하게 되었습니다. 이는 우리나라 청년들이 일할 자리가 줄어들었다는 뜻이기도 합니다.

　유명한 경제학자이 토머스L. 프리드먼은 저서인「렉서스와 올리브 나무」를 통하여 '세계화는 덫인가 새로운 기회인가'라는 화두를 던졌습니다. 모두가 세계화란 단어에 열광할 때 그 이면의 단점을 낱낱이 파헤 친 것입니다. 세계화로 인한 생존의 위협은 이 책뿐만 아니라 각종 언론매체에서도 경고하고 있습니다. 당장 수입을 저지하고 문제점만 제기한다고 해서 세계화의 물결을 막을 수 있는 것이 아니기 때문입니다.

그렇다면 2010년 이후 우리를 이끌어줄 핵심 산업은 무엇일까요? 최근 매일경제신문이 기업 최고경영자(CEO), 금융기관장, 학계 등 주요인사 81명을 대상으로 '10년 후 한국 대기업이 세계 최고 경쟁력을 가질 수 있는 산업'에 대한 설문조사를 실시했습니다. 그 결과 1위 IT(39명), 2위 지식(19명), 3위 바이오(14명)가 선정 되었습니다. 더불어 반도체, 휴대폰 등의 모바일기기와 자동차를 3대 전략제품으로 꼽았습니다. 이는 과거 10년 동안 한국 산업을 이끌어 왔던 주력 산업과 일치합니다.

비단 이것은 우리나라만의 현실은 아닙니다. 올해(2006년) 출간된 「1000유로 세대(안토니오와 알레산드로 공저)」를 보면, 유럽의 국가도 직업의 불안정과 경제적인 빈곤으로 청년들이 어려움을 겪고 있음을 알 수 있습니다. 이런 현실을 잘 보여주고 있는 이 소설은 이탈리아를 배경으로 대학을 졸업한 27세의 클라우디오가 주인공입니다. 그는 동갑내기 친구 로셀라, 알레시오, 마테오와 함께 아파트를 세 내서 삽니다. 클라우디오는 휴대폰 부품을 만드는 다국적 회사에서 단기 계약직으로 일을 합니다. 수년간 일하지만 경력에는 별 도움이 되지 않습니다. 그의 수입은 한 달에 1,000유로(약115만원)입니다. 룸 메이트인 로셀라 역시 안정적인 직업을 구하지 못해 베이비시터, 번역 등을 하면서 생계를 유지합니다. 알레시오는 우체국이라는 안정적인 직장을 가졌으나 역시 1,000유로 정도의 급여를 받습니다. 그들은 모두 불안정한 직업과 넉넉하지 않은 수입 속에서도 낙천적인 사고를 가지며 살아가려 합니다. 언젠가는 즐거운 미래가 올 것이라고 기대합니다.

이 소설을 통하여 유럽에서도 청년실업 문제가 심각한 상태이며 전 대륙에 경제적 빈곤이 공존한다는 사실을 알게 되었습니다. 젊은이의 신 빈곤층 문제가 전 세계적으로 대두되고 있는 현실입니다. 세계화 시대에는 국가조차 안전망이 돼주지 못합니다. 본인 스스로가 세계화에 대항해서 준비해야 합니다. 앞에서도 이야기했듯이 시대의 흐름을 막고자 버티는 것보다는 보완하려고 애쓰는 것이 지혜로운 처세입니다. 누구를 막론하고 준비하지 않은 사람에게 어려운 시대입니다.

03 크 리 스 천   청 년 들 을   위 한   예 비 하 심

기계화로 인한
일자리의
소멸 시대

우리 교회에 '빛의 속도'라는 별명을 가진 집사님이 있습니다. 이 분이 세탁소를 운영하시는데 바지를 다리는 손길이 빛의 속도처럼 빠르다고 합니다. 그런 분이 수십 년간 경영한 세탁소의 문을 닫으려 한다는 소식이 들렸습니다. 옆 가게에서 독일산 기계를 들여왔는데 신기하게도 그 기계에 바지를 끼우면 공중에 뜨고 잠시 후 '펑' 하는 소리와 함께 바지가 다려 나온다고 합니다. 옆 가게에서 세탁의 모든 과정을 신속하게 처리하다 보니 도저히 경쟁할 수 없다는 이유에 폐업을 결정한 것입니다.

그런데 '뛰는 놈 위에 나는 놈이 있다' 속담처럼 이처럼 최신식 설비를 갖춘 세탁소도 프렌차이즈 형태의 대규모 세탁소에게는 가격이나 실력 면에서 상대가 되지 않는다고 합니다. 프렌차이즈 형태의 세탁소는 일반 세탁소의 60~70% 가격으로 손님을 받습니다. 게다가 서비스 차원에서 운동화 같은 것은 저렴한 가격으로 세탁해 줍니다. 저 역시 작은 양의 세탁물은 가까운 세탁소에 맡기지만, 대량일 경우는 모아서 이런 대규모 형태의 세탁 업소를 이용합니다. 소비자에게야 복음에 가까운 소식이지만 영세한 가게를 운영하고 있는 세탁업자들에게는 정말 청천벽력과 같은 소식입니다.

언젠가 심방을 가다가 계량기를 검침하는 아주머니의 부탁으로 계량기의 숫자를 읽어드린 적이 있습니다. 그분 말씀이 숙달된 젊은 검침원들은 하루에 250여개 정도의 계량기를 확인한다고 합니다. 그 정도면 프로라고 할 수 있습니다. 하지만 계량기에 무전 송신기를 장착하여 검침하는 지역은 프로 수작업자들의 100배 이상을 점검한다고 합니다.

한때 우리나라에 80:20의 법칙이 유행한 적이 있습니다. 이 이론은 이탈리아의 경제학자 빌프레도 파레토(Vilfredo Pareto:1848-1923)

가 처음 주창한 것으로 19세기 영국의 부와 소득의 유형을 연구하다가 발견한 원리입니다. 이 법칙에 따르면 판매되는 상품 중 고가의 20% 상품이 80% 매출을 올리거나, 조직원의 20%가 회사의 80%의 문제를 해결한다고 합니다. 하지만 지금은 95:5의 법칙이라는 표현이 더 올바를 듯합니다. 5%의 기계가 95%의 사람 몫을 해내고 있으니까요.

시스템이 자동화되면서 자연스레 사람이 할 수 있는 일이 줄어들고 있습니다. 대부분의 과정을 기계가 대신하다 보니 사람이 감당할 부분이 자꾸 줄어드는 것입니다. 설상가상으로 대기업들은 비용을 절감하기 위해서 아웃소싱(내부의 일을 외부의 자원을 통해 감당)을 선호하고 있습니다. 단순하거나 단기적으로 끝내는 일들은 외주를 줘 버리는 것입니다. 이는 필요한 사람만 정식으로 고용하겠다는 의미입니다. 이런 시스템 때문에 기업은 성장해도 일자리는 크게 늘지는 않습니다. 기계화된 선진국보다 오히려 기회가 많은 후진국으로 진출하는 사람들이 많아지는 이유이기도 합니다. 일자리를 찾기가 점점 어려운 세상이 되어가고 있습니다.

크 리 스 천 청 년 들 을 위 한 예 비 하 심

04

틈새가 좁아진 사회, 높아진 진입 장벽

저의 작은 아버지는 한 대학의 교수십니다. 그분 말씀에 따르면 우리나라에서 교수 사회처럼 전체적인 평준화를 이룬 직업군은 없다고 합니다. 대학별로 학생들의 실력 차는 클 수 있으나, 교수들의 편차는 심하게 나지 않다는 것입니다. 능력이 탁월한 사람도 명문 대학에 자리가 나지 않아 지방 대학의 교수로 가는 경우도 많다고 합니다. 작은 아버지 역시 이러한 현실에서 자유로울 수 없었습니다. 본인이 가르칠 만한 곳은 이미 기존의 인물들로 구성이 다 끝난 것입니다. 실력 있는 사람이 배출된다고 할지라도 자리가 없는 현

실입니다. 특별한 재능과 연구업적 등이 있어서 뽑히는 것을 제외하고 말입니다.

작은 아버지를 보면서 요즘 젊은이들이 느끼는 감정이 바로 저런 것이 아닌가 하는 생각이 들었습니다. 자신의 능력과 상관없이 시대의 흐름에 따라 취업도 못하는 죄인 아닌 죄인이 되어 버린 것입니다. 이 얼마나 안타까운 현실입니까.

우리 교회에는 공무원 시험 준비생인 '공시생' A형제가 있습니다. 얼마 전 10급 기능직 시험에 응시 했으나 낙방하고 말았습니다. 18세에서 40세까지를 대상으로 필기 없이 면접만으로 치른 시험이었는데 합격자 대다수가 경력자들이었습니다.

최근 젊은이들 사이에는 '미래세대 = 비정규직', '기성세대 = 정규직'이란 말이 돈다고 합니다. 위의 공식대로라면 비정규직이라도 쉽게 얻을 수 있어야 할 텐데 현실은 그렇지 않습니다. 2005년 12월에는 남산터널의 혼잡통행료 계약직 징수원 55명을 모집하는데 경영학 석사를 포함한 3,654명이 몰려 66:1의 경쟁률을 보였다고 합니다. 최근 통계청 자료(2006년 5월)를 보면 경제활동 인구조사에서 정규직은 818만 명, 비정규직은 755만 명으로 나타나고 있습니다. 여기서 말하는 정규직에는 계약직도 포함된 수치이니 실질적으로 비정규직이 더 많다고 봐도 무리가 없는 상황입니다.

- 정규직 : 기간을 정하지 않은 근로 계약을 체결하고 사업장 내에 정해진 노동 시간에 따라 전일제로 근무. 쉽게 해고하기 힘들고, 고용이 정년까지 어느 정도 보장

- 비정규직 : 일반적으로 정규 근로의 특성을 벗어난 모든 형태의 근로를 총칭. 고용 계약이 한시적임

- 일용직 : 통상적으로 매일매일 고용계약이 이루어지는 경우(예 : 인력시장을 통해 일자리를 얻는 노동자). 그러나 통계상으로는 근로 계약 기간이 1개월 미만인 노동자를 지칭. 아주 짧은 근로 계약 기간을 정하고 있는 노동자를 의미한다고 보면 됨

- 아르바이트 : 시간제 근로자(Part Timer). 일반 근로자와 달리 주부, 학생 등을 주 대상으로 하며, 일정시간을 정해서 일하는 것이 보통

Cf. 정규직과 계약직의 가장 큰 차이는 신분상의 안정성 문제. 정규직의 경우 정년이 보장되지만, 비정규직은 매년 또는 단기적으로 계약이 갱신됨

출처 : 노동연구원

05 크 리 스 천   청 년 들 을   위 한   예 비 하 심

조기 퇴직의 시대
- 이제 평생직장은
  사전 속에서나 찾아야 한다

얼마 전 학창 시절 절친했던 친구를 만났습니다. 이 친구는 예전부터 성실하고 공부를 잘했는데 역시나 대기업 연구원으로 일하고 있었습니다. 30대 초반인데 벌써 과장의 자리에 올랐고 머지않아 부장으로 승진될 자신도 있다고 합니다. 그런데 이렇게 승승장구하는 그 친구에게도 심각한 고민이 있었습니다. 자기 부서의 선임 중에는 40대 이상이 거의 없는 것입니다. 결론적으로 부장의 자리까지는 무리없이 오르겠으나, 그 후가 문제라는 것입니다.

S그룹에 다니는 또 다른 형제에 따르면 입사 3년 차에 직장을 계속 다닐 것인지 말 것 인지를 고민하게 된다고 합니다. 두각을 나타내는 동료들을 보면서 자신의 적성과 능력에 대한 회의가 나타나기 때문입니다. 이 단계를 다행히 넘긴다 해도 또다시 조직과 자신의 미래에 대한 생각을 하게 되고 상당수가 이쯤에서 직장을 그만 두게 됩니다. 예전처럼 회사를 위해 평생을 바치는 사람은 없습니다. 직장에서의 정년이 점점 짧아지는 추세입니다.

   그런데 요즘 의학기술의 발달로 사람들의 수명은 점점 늘어가고 있습니다. 2005년 12월 20일 통계청 자료에 따르면 2003년도에 태어난 아이의 기대 수명이 남자는 평균 73.9세, 여자는 80.8세 라고 합니다. 지금 젊은이들은 최하 90세까지 산다는 말입니다. 이렇게 수명은 길어지는데 정년은 점점 짧아지는 현실입니다. 40대에 직장을 떠나게 되면 나머지 40년은 무엇을 해서 먹고 살아야 합니까? 그리스도인들도 예외일 수는 없습니다. 많은 집사님들 가정을 심방하다 보면 남성들이 집안에 있는 경우가 허다합니다. 직장에서 최선을 다해 일하다 은퇴한 분들인데 평생 한 가지 일만 하다 보니 퇴직 후에는 마땅히 할 일도 없습니다. 무모하게 장사나 사업을 시도했다가 실패라도 하는 날에는 더 힘든 노후를 보내게 될 테니 말입니다. 20~30대는 인생의 황금기입니다. 이 시기를 허비하지 않고 미래를 준비한다면 편안한 노후를 맞이할 수 있을 것입니다.

인생의 황금기를 허비하지 않기 위해서는 시행착오를 두려워하지 말아야 합니다. 새로운 것을 시도함에 부담 갖지 말아야 합니다. 젊기에 빨리 추스를 수 있고, 젊기에 다시 일어 설 수 있습니다. 하나님께서도 노력한 후 실패 하는 자에게는 또 다시 기회를 주십니다. 하지만 시도도 하지 않고 자신의 틀에 갇혀 안주하는 사람에게는 기도의 응답조차 주지 않으실 것입니다.

크 리 스 천 청 년 들 을 위 한 예 비 하 심

06

승자가 모든 것을
가져가는
양극화 시대

얼마 전 목사님들의 방송 설교를 더욱 현장감 있게 보고 싶은 마음에 TV를 구입해서 책상 위에 올려놓았습니다. 기독교 채널을 찾다가 몇 번 이종격투기를 봤는데, 그 잔혹함에 몸서리가 쳐졌습니다. 말이 스포츠지 고대의 검투 경기를 불사하는 모습이었습니다. 챔피언인 선수가 상대방의 머리에 하이킥을 날리자 상대선수가 바로 실신을 해 버리는 장면은 그야말로 충격적이었습니다. 조만간 사람이 죽을 것이라는 강한 불안감도 들었습니다.

그런데 사람의 심리가 참 묘하다는 것을 깨닫게 되었습니다. 시

간이 지남에 따라 은혜 받기 위해 기독교 방송을 보는 횟수보다 상대를 통쾌하게 쓰러뜨리는 격투 방송을 보는 시간이 많아진 것입니다. 어느덧 격투기 프로에 중독(?)되다시피 했습니다. 각 선수별 계보와 장단점을 꿰는 것은 물론이고, 심지어 주일에 교회를 섬기고 집에 돌아와서도 새벽 두세 시까지 재방송되는 경기를 보는 일도 생겼습니다.

미국에서도 복싱의 인기가 떨어지고 격투기와 같은 규칙이 최소화된 경기가 인기를 끌고 있다고 합니다. 이종격투기는 다른 스포츠에 비해 거의 제약이 없습니다. 물론 규칙이란 것이 있지만 유명무실하고, 어떤 무술이건 총동원하여 가장 효과적으로 싸우면 그만인 경기입니다. 이 경기는 오직 최고만이 살아남습니다. 이전의 전적이나 화려한 매달은 무용지물 일 뿐 현재의 최고만이 중요합니다. 그러다가 문득 이종격투기가 요즘의 현실과 같다는 생각을 하게 되었습니다.

과거 FILA본사 회장보다 많은 연봉을 받아 유명해진 '윤윤수 FILA KOREA' 사장은 샐러리맨들의 우상입니다. 이 분이 1991년 경영을 맡은 뒤에 FILA KOREA는 해마다 30%가 넘는 성장을 했습니다. 심지어 'FILA가 태어난 곳은 이탈리아지만, FILA를 꽃피운 곳은 한국'이란 찬사까지 받았습니다. 이렇게 FILA KOREA는 승승장구 했지만 본사는 점점 어려워졌습니다. 결국 구조조정을 해야 할 상황까지 이르게 되었습니다. 윤윤수 사장은 연봉을 제일 많이 받는 본인에게 화살이 날아 올 것을 알았다고 합니다. '피할 수 없다면 즐겨라'는 생각으로 변화의 핵에 들어서길 자청 했습니다. 투자 펀드들과 손잡고 본사를 인수해 버리기로 결정한 것입니다. 위기의 순간에 용기 있는 결단으로 변화의 중심에 섰습니다. 상황이 이렇게 되자 FILA 본사에서는 그를 구조조정 하기는커녕 더 큰 일을 위탁하게 되었습니다. 우리는 중간 지대가 없는 사회에 살고 있습니다. 자신의 실력과 노력 없이는 도태 될 수밖에 없는 현실입니다. 적당히 묻어가려는 안일한 생각은 애초부터 하지 말아야 합니다.

그렇다면 창업은 어떻습니까? 누구나 한번쯤은 생각해 보았을 것입니다. 그리고 실제 구조조정으로 회사를 그만 둔 가장들이 음식점과 같은 자영업을 시작한 예도 많습니다. 우리나라 자영업 비

율이 OECD국의 2배 수치에 달하는 이유가 여기에 있습니다.

현대는 정보 공유의 확대로 인해 비교 능력이 극대화된 사회입니다. 따라서 차별화된 승자 외에는 성공하기가 힘듭니다. 최고만이 살아남아서 독식하기 때문입니다. 일전에 서브노트북을 사려고 노트북 유저들이 가장 많이 활용하는 사이트에 들어가 정보를 살펴본 적이 있습니다. 그런데 수십 가지의 모델 중 한두 종류로 압축되어 있는 것을 발견하게 되었습니다. 용산의 매장에 나갔더니 역시 그 사이트에서 추천한 모델들이 주로 디스플레이 되어 있었습니다. 국내, 국외별로 여러 회사의 기종이 있지만 그 제품이 많이 팔리고 있다는 증거였습니다.

세계를 변화시키고 있는 정보 공유의 바람을 교회들도 피해 갈 수 없습니다. 인터넷의 확대로 각 교회 목사님들의 설교가 공유 되고 있는 현실입니다. 대형 교회들의 질높은 서비스가 홍보 되다 보니 믿음 약한 지체들은 더 좋은 환경의 교회를 찾아 갑니다. 이러한 현상으로 대형 교회의 부피는 더욱 커지고 중간 그룹의 교회들은 줄어들고 있습니다. 이는 한국사회가 외환위기를 맞이하여 중산층이 몰락하는 것과 비슷한 모습입니다. 참으로 안타까운 일이 아닐 수 없습니다.

이는 깊은 내면을 보지 못하고 화려한 겉모습에만 관심을 보이는 사회현상과 무관하지 않습니다. 남을 탓하기 보다는 우리 스스로가 '외면'에만 치중하는 것은 아닌지 돌아보아야 할 것입니다. 예수님은 금은보화 하나 없는 허름한 모습이었지만 우리의 죄를 사하여 주셨습니다. 사람의 깊이를 볼 수 있는 눈을 길러야겠습니다.

04
나만의 길을 갈 수 있는 지혜를 구하라

01 · 먼저 그의 나라와 의를 구하라 02 · 자신이 잘하는 것을 하라 03 · 했을 때 기쁨이 되는가? 04 · 가고자 하는 분야에 대한 사전지식이 필요하다 05 · 직이 아닌 업을 추구해라 06 · 자기 스타일에 맞는 포지션을 파악해라 07 · 구체적이고 명확한 목표를 가져라 08 · 기회가 주어지지 않는다면 스스로 만들어라 09 · 끊임없는 차별화를 시도하라 10 · 내일을 준비하고 대비하며 찾아라

01 크 리 스 천   청 년 들 을   위 한   예 비 하 심

먼저
그의 나라와
의를 구하라

목회 활동을 위해 학교를 그만두신 선생님이 계십니다. 평소에도 수많은 학생들에게 복음을 위해 살도록 권면하는 분입니다. 그런데 학교를 그만두고 목회 활동에 전념하신다는 소리를 들었습니다. 학교에서 하는 사역은 일반 목사님들이 도저히 할 수 없는 귀중한 것이라는 생각에 몹시 안타까웠습니다.

보통 사람들은 하나님께서 목회나 선교사와 같이 직접적인 교회 활동을 하는 것을 가장 기뻐하신다고 생각합니다. 하지만 이것은 정답이 아닙니다. 물론 목회나 선교는 귀중한 사명이자 영적인 특

권입니다. 하지만 이쪽의 일을 한다고 무조건 하나님 나라의 일을 더 많이 하는 것은 결코 아닙니다.

여기서 직업의 정확한 의미를 한 번 짚어보고자 합니다. 독일어에는 '천직'을 뜻하는 '베루프(Beruf)'라는 단어가 있습니다. 이 말은 '베루펜(Berufen)'으로 '부른다'라는 말에서 유래됐는데 쉽게 표현하자면 '콜링(소명)'에 해당합니다. 이는 직업 자체가 하나님이 우리에게 주신 귀중한 소명임을 잘 나타내고 있습니다. 직업은 세상을 살아가는 도구이자 하나님께서 우리에게 주신 고귀한 소명입니다. 하나님이 주신 터전에서 실력을 발휘하고 노력을 다한다면 그것은 분명 주께서 원하는 최선이라 감히 말씀드릴 수 있습니다.

저는 1992년도에 군에 입대하여 최전방으로 배치되었습니다. 당시 제가 속한 대학부가 폭발적인 부흥을 하는 시기였기에 입대하기란 쉬운 일이 아니었습니다. 당시에는 제발 군에 면제되어 교회 일에 더욱 매진했으면 하는 생각뿐이었습니다.

하지만 막상 군대에 가보니 생각지도 못했던 사역의 터전이 있었습니다. 그곳은 신병 교육대로 2주마다 200명 이상의 신참들이 입소하는 곳이었습니다. 저는 국방부에서 허락한 종교점호 시간에 신병

들에게 매주 4영리를 증거하고, 증거를 마친 후에는 초코파이를 하나씩 나누어 주는 일을 했습니다. 초코파이 때문인지 복음에 감격해서 우는 것인지 모를 정도로 감사의 시간이 이어졌습니다. 그렇게 군인의 신분으로 수천 명에게 복음을 증거 하는 일을 감당했습니다. '군인의 신분' 이었기에 훨씬 더 많은 섬김을 할 기회가 주어진 것입니다.

우리 교회에 다니는 성도들은 실로 다양한 직업을 가지고 있습니다. 그러다 보니 간혹 목사인 제가 대하기에는 난처한 직종을 가진 지체들도 있습니다. 술집을 운영한다든가 유흥업에 종사하는 지체들이 그렇습니다. 사실 바람직한 것은 아니지만 그런 분들이 교회 나오는 것을 막을 수도 없는 일입니다. 그저 더 좋은 직종으로 전환하도록 기도하고 권면할 뿐입니다.

우리는 자신의 직업을 정함에 앞서 먼저 그의 나라와 의를 구할 수 있어야 합니다. 수입의 정도를 떠나서 세상 사람이 아닌 하나님 앞에서 당당 할 수 있어야 합니다. 사람들이 보기에 별로인 직업도 하나님 앞에서는 자랑스러울 수 있습니다. 반면 큰돈을 벌어 주위의 부러움을 받아도 하나님 앞에서는 부끄러운 직업 일 수 있습니다. 곰곰이 생각해 봅시다. 과연 이 일이 하나님의 기쁨이 되는지 말입니다.

우리 교회에는 택시운전을 하는 형제가 있습니다. 그는 택시 운전을 하면서 열심히 전도를 합니다. 목적지까지 가면서 설교 테이프를 틀어 놓기도 하고, 세상사는 이야기를 하면서 복음으로 접근하기도 합니다. 또 항상 교회 주보, 4영리, 간단한 설교 요약본을 비치해서 관심을 가지는 사람들에게 나누어 주기도 합니다. 전도하기에 이처럼 좋은 직업이 없다고 기뻐합니다. 자신이 다양한 사람을 만나 복음을 전한 내용을 교회 게시판에 올려서 공유하기 시작했습니다. 그 형제의 간증을 읽으면서 많은 사람이 전도의 자극을 받았고 자신의 일의 터전에서 복음을 전해야겠다는 의무감도 가지게 됐다고 고백합니다. 전도의 불길을 일으키는 자극점이 된 것입니다.

02 크리스천 청년들을 위한 예비하심

자신이
잘하는 것을
하라

그리스도인들은 누구나 하나님으로부터 '은사'가 주어집니다. 일반적으로 은사는 '카리스마(Charisma)'란 단어로 '은혜의 선물'이란 뜻입니다. 은사의 원천은 '성령님의 특별한 은혜'이고, 은사의 속성은 '영적인 능력, 천부적인 소질'입니다. 마지막으로 은사의 목적은 '성도들을 성숙하게 하려는 봉사 내지 사역'입니다. 기독교인들은 누구나 이러한 은사로 인하여 각자 남과 다른 소질을 가지게 됩니다. 이 '은사'는 불신자들도 가지는 보편적인 은혜인 '재능'과는 다른 것으로 중생한 그리스도인이라면 누구든 한 가지 이상이 주어진다고 에베소서 4장 7절 '우리 각 사람에게 그리스도의 선물의 분량대로 은혜를 주셨나니.'에 나와 있습니다.

하지만 때로는 그리스도인이면서도 자신은 은사가 없다고 한탄하는 사람들이 있습니다. 은사는 쓰지 않으면 쇠퇴하기 때문에 기독교인들은 누구나 그것을 찾아내어 활용하고 직업에까지 연결시키는 노력이 필요합니다.

은사를 발견하고자 한다면 첫째, 은사의 목록을 작성해 봅니다. 도구를 잘 활용하기 위해서는 도구에 익숙해져야 합니다. 은사도 종류와 본질에 대하여 파악하고 있어야 제대로 발견하고 활용할 수 있습니다. 둘째, 여러 가지 일에 동참하여 실험해 봅니다. 교회 안에서의 다양한 일들에 참여하다가 자신의 은사를 발견했다는 이야기를 종종 듣습니다. 심지어 의무감에 동참했다가 자신의 은사가 아니었다고 생각했던 것이 은사임을 발견하고 놀라는 일도 보았습니다. 일단 실행하고 발견해야 정확히 분별할 수 있습니다. 셋째, 자신이 즐길 수 있는 것인지 스스로에게 물어봅니다! 자신이 하고 싶은 것, 열정이 일어나는 것이 은사일 가능성이 많습니다. 넷째, 헌신하는 데 전혀 아까움을 느끼지 않는지 스스로에게 물어봅니다.

내가 그것을 위해 시간과 물질, 그 어떤 것을 투자해도 아깝지 않게 느껴진다면 그것이 은사입니다. 다섯째, 시간이 지남에 따라 개발되는지 살펴봅니다. 은사의 열정이 그것으로만 끝나서는 안 됩니다. 열정은 헌신으로 이어지고 그것은 개발되어야 합니다. 여섯째, 자신과 남들에게 기쁨이 되어야 합니다. 일단 은사를 사용할 때 본인 뿐 아니라 남들도 기뻐하고 즐거워하면 은사일 가능성이 큽니다. 일곱째, 다른 사람들이 내가 생각하는 은사에 대해 긍정적인 판단을 해주어야 합니다. 사실 즐거움과 기쁨은 주관적인 요소를 가지고 있는 것입니다. 따라서 객관화를 위해 다른 사람들이 자신의 은사를 인정해 주는 것이 필요합니다. 본인은 좋아하나 남들이 기뻐하지 않는다면 재고할 여지가 있습니다. 특별히 영적인 지도자의 평가는 중요합니다. 이런 일련의 활동과 판단을 통해 본다면 자신의 은사에 맞는 직업을 구하는 데 도움이 될 것 입니다.

한국인들은 젓가락을 쓰는 문화 속에서 생활하기 때문에 손으로 하는 세밀한 작업을 잘 합니다. 그래서 반도체나 생명공학 등에 유리하다고 합니다. 의대에 다니는 형제들이 하는 말이 외국 의사들이 한국의 외과의가 수술하는 모습을 보고 매우 놀란 다고 합니다. 이처럼 우리에게는 남보다 더 유리하고 인정받는 것이 반드시 있을 것입니다. 은사를 발견한 업종에 종사하게 되면 보통의 노력 반만 기울여도 더 많은 열매를 거둘 수 있습니다.

마태복음 25장 14~30절을 보면 달란트에 대한 비유가 나옵니다. 주인은 각각의 종들에게 열, 다섯, 한 달란트를 맡겨두고 얼마 후 평가를 시작합니다. 여기서 중요한 것은 남긴 것의 많고 적음이 아닙니다. '주어진 일에 최선을 다해 감당했느냐 하지 못했느냐, 또 조금이라도 남겼느냐' 하는 것입니다. 우리는 어떤 형태로든 맡겨진 은사에 최선을 다해야 하고 그것을 통해 꼭 열매를 거두어야 합니다. 따라서 열매가 거두어지지 않는 일이라면 하나님께서 주신 천직이 맞는지를 심각하게 고민해 볼 필요가 있습니다. 즐거움과 기쁨이란 주관적인 요소를 지니고 있기 때문입니다.

J자매라는 동역자가 있습니다. 이 자매는 음식 솜씨가 좋습니다. 팀장들 모임이 있을 때면 자신의 주특기 요리를 몇 가지씩 선보입니다. 몇 명의 자매가 모여도 되지 않던 음식을 이 자매는 혼자 뚝딱 해

치웁니다. 그래서 별명도 '대장금' 입니다. 사실 이 자매는 음악을 전공하고 있는 다양한 달란트의 소유자이지만 한때는 음식점을 차리는 것을 꿈꾸기도 했었답니다. 이 자매라면 과감히 음식점을 차려도 괜찮겠다는 생각을 합니다. 음식 만드는 은사가 있기 때문입니다. 이런 것이 바로 자신도 즐기고 남도 기쁘게 만드는 요소를 구비한 것입니다.

만약 자신의 은사를 발견했으면 그것을 최고 수준까지 끌어 올려야 합니다. 출애굽기 36장 1절을 보면 다음과 같은 구절이 있습니다. '브살렐과 오홀리압과 및 마음이 지혜로운 사람, 곧 여호와께서 지혜와 총명을 부으사 성소에 쓸 모든 일을 할 줄 알게 하심을 입은 자들은 여호와의 무릇 명하신 대로 할 것이니라.' 그 이후의 성경 구절을 보면 이 기술자들을 통해 거룩한 성막이 훌륭하게 완성되는 것을 볼 수 있습니다. 우리가 맡은 은사들 역시 거룩하고 멋지게 쓰임 받아야 합니다.

여기서 다시 한 번 짚고 넘어가야 할 것은 그것이 비단 그들만의 능력이 아니었다는 사실입니다. 하나님께서 그들에게 은사를 주셨고 그들이 자신의 은사를 최고의 수준으로 끌어 올렸기에 가능한 일이었습니다. 우리 또한 그리스도인으로서 하나님께서 맡겨주신 은사에 맞게 최고가 되어야 할 것입니다.

03 크 리 스 천   청 년 들 을   위 한   예 비 하 심

했을 때
기쁨이
되는가

사실 '일'이라는 단어 속에는 긍정보다 다소 부정적인 의미가 담겨 있습니다. 그래서인지 '요즘 내가 일이 많아'라고 이야기를 한다면 부담스럽고 재미없는 것을 뜻합니다. 보통 직장 생활을 하는 많은 지체들이 퇴근 이후의 시간을 자신의 삶으로 여깁니다. 직장 생활에서의 시간은 간과하는 경우가 대부분입니다. 그래서 모두들 퇴근만 기다립니다. 하지만 생각해 봅시다. 일의 현장에서 자신의 삶을 즐기고 퇴근 후에는 새로운 생활을 누린다면 어떨까요?

디자이너 앙드레 김의 이야기는 유명합니다. 그는 적지 않은 나

이에도 불구하고 매일 새벽에 일어나 스포츠신문과 경제신문, 영자신문 등 10개의 신문을 두루 섭렵합니다. 5개의 TV수상기로 늘 4개의 공중파와 1개의 케이블을 모니터합니다. 아침 9시면 일터에 출근해서 그날의 일을 챙기고 디자인도 하며 손님을 맞습니다. 그는 일을 즐기기에 이렇게 많은 일들을 해 나가고 있습니다.

요즘 젊은이들은 재미를 느끼는 일에 엄청나게 몰입을 합니다. 과거 한국이 월드컵 4강까지 올라갔을 때 광화문에 나간 젊은이들을 보면서 참 대단하다고 생각했습니다. 좋은 자리에서 경기를 보기 위해 10시간 전부터 땡볕에 나가 기다리고 있는 열정이 좋아 보였습니다. 시청 앞에 나간 지체들의 마음이 궁금해서 청년들에게 직접 물어본 적이 있습니다. 재미 때문에 나갔다는 대답이 압도적이었다.

좋은 자리일 경우 밖에 나갔다가는 들어가지 못하기도 한다는데 화장실에 가고 싶으면 어떻게 하느냐고 물었습니다. 그러자 한 형제 왈 '전 기저귀를 차고 갔어요!'라고 대답합니다. 그 말에 놀라서 한 동안 말을 잇지 못했습니다.

재미있는 일이 중요한 이유는 또 있습니다. 재미가 있으면 그 안에서 새로운 일들을 창조해냅니다. 능동적인 사람이 되는 것입니다. 지시하는 일만 하는 수동적인 사람과 다르게 자꾸만 일을 벌입니다. 그리고 나서도 끊임없이 생각하며 정성을 쏟습니다. 그러니 어느 누가 예쁘게 보지 않겠습니까. 요즘 교사는 인기 있는 직업입니다. 하지만 교사가 된다고 해서 누구나 행복한 것은 아닙니다. 사실 교사라는 직업에 재미를 느끼지 못하는 사람이라면 남들은 인정해 줄지는 몰라도 자신은 힘들 것입니다. 재미없는 일은 그것 자체가 스트레스입니다. 즐길만한 일을 찾아봅시다!

크 리 스 천   청 년 들 을   위 한   예 비 하 심

04

가고자 하는
분야에 대한
사전지식이 필요하다

얼마 전 신문에서 복어에 관한 글을 본 일이 있습니다. 복어 한 마리 안에 있는 독은 청산가리의 1,000배라고 합니다. 복어 한 마리면 성인 13명을 죽일 수 있다고 합니다. 그래서 복어요리를 하는 사람은 자격증이 있어야만 합니다. 그런데 미식가들 중에는 주방장에게 복어의 독을 조금 남겨달라고 주문하기도 한답니다. 극소량의 독을 남기면 입술이 얼얼해지면서 기분이 좋아지기 때문이랍니다. 소공동에서 40년간 복요리 전문점을 운영해온 김송원(83) 씨는 복어의 독은 사람의 생명을 앗아 갈 수 있으니 조심하라고 충고합니

다. 특별한 맛 때문에 생명을 거는 것은 어리석은 일입니다. 복어의 독을 즐겨 먹는 사람들에게 사전지식이 있었다면 쉽게 그런 주문을 하지는 않을 것입니다.

우리 교회에는 청년들이 많습니다. 그러다 보니 대학생 지체들과 대화를 나눌 기회가 많습니다. 그들과 장래에 대한 이야기를 하다보면 자신이 나가고 싶어 하는 직종에 대해 몰라도 너무 모른다는 생각이 듭니다. 이런 무지가 젊은 그들에게 실업이나 중도하차의 뼈아픈 고통을 안겨줄 수 있음을 알아야 합니다. 요즘 세상은 무작정 최선을 다하는 것 보다는 정확히 알고 분석하는 사람이 성공합니다.

현재 직장에 자리 잡고 있는 어른들에게 왜 그 직장을 선택했느냐고 물어보면 당시에는 일과 직장의 종류가 한정되어 있기 때문이라고 대답합니다. 남들이 괜찮다고 하기에 자신도 그 일을 하게 되었다고도 합니다. 하지만 요즘 세상은 과거와 달라졌습니다. 대한민국에는 취업연령이라는 것이 있어서 분야를 바꾸기가 쉽지 않습니다.

의욕만 앞세우기보다는 그 분야에서 두각을 나타내는 인물을 살펴보고, 그 분야의 장단점과 준비 과정 등을 모두 알아보아야 실패나 실수가 적습니다. 그럼 어떻게 해야 할까요? 첫째는 독서를 통한 방법입니다. 둘째는 해당 분야에서 일하는 사람의 말을 통해 아는 방법입니다. 셋째는 실제로 아르바이트를 하면서 몸으로 체득하는 방법이 있습니다. 이 방법 중 짧은 시간에 가장 효율적으로 접근할 수 있는 것이 독서와 그 분야 사람들의 이야기를 듣는 것이라 여겨집니다. 특히 요즘은 인터넷 안에 다양한 분야의 동호회들이 존재합니다. 해당 분야의 동호회를 가입하고 활동하다 보면 전문가의 이야기를 들을 수 있습니다. 더불어 자신의 적성에 맞는지 판단 할 수도 있게 됩니다.

다양한 직종의 청년들과 접하다 보니 오히려 상담하면서 배우는 경우가 더 많습니다. 하지만 한 분야에서 전문가로 인정받는 사람들의 이야기를 들어보면 일반인들이 생각하는 것과는 전혀 다른 상황이 존재함을 종종 보게 됩니다.

일반적으로 화려해 보이는 직업일수록 내적으로는 힘들고 고된 경우가 많습니다. 한 가지만 예를 들어 보겠습니다. 우리 교회에는 항공사 승무원들이 많습니다. 이들로만 구성된 성가대가 있을 정도니 일반 교회보다는 많은 것은 틀림없습니다. 외부에서 보는 스튜어디스란 직업은 화려한 직종 중 하나입니다. 또 본인의 비용을 들이지 않고 떠나는 해외여행으로 많은 사람들의 부러움을 삽니다. 외모도 출중하다 보니 모두들 스튜어디스를 일등 신부감으로 여깁니다.

하지만 주일에 기도 제목을 내놓는 것을 보면 의외로 힘들다는 하소연이 주류를 이룹니다. 해외 체류가 많은데다가 휴일도 따로 없고, 매일 근무시간이 달라서 장기간의 계획을 세우기도 힘듭니다. 밤낮을 거스르고 끼니도 제대로 챙겨 먹지 못하며 서서 일하다 보니 건강을 많이 잃어버린다고 합니다. 하지정맥류에 걸린 자매도 있습니다. 또 주일에 차분히 예배를 드리고 온종일 주일성수도 하고 싶지만 운행 때문에 못 오는 경우가 많습니다. 사명감을 가지고 임하지만 길고 잦은 운항 때문에 체력적으로도 힘들고, 기분은 그렇지 않은데 늘 웃는 것도 쉽지 않다고 합니다. 월급이 비교적 많은 것 같지만 스튜어디스의 생활을 유지하는 자체에 들어가는 비용이 커 쪼들릴 때도 많다고 하소연합니다.

반면 소위 3D업종이라 불리는 어렵고, 더럽고, 위험한(Difficult,

Dirty, Dangerous) 일은 취업자들의 기피 대상임에도 불구하고 창업 시장에서 만큼은 주가가 올라가고 있다고 합니다. 일단 일을 해보면 물질적으로나 시간적으로 괜찮고, 경쟁자가 적다 보니 독점적으로 일을 할 수 있기 때문입니다. 이런 직업을 가진 지체들은 스스로 자신의 직업이 괜찮다고는 말하려 하지 않습니다. 경쟁상대가 나타나는 것이 싫은 까닭입니다. 우리 한 번 찾아봅시다. 찾다 보면 의외의 직업이 마치 흙 속에 묻힌 진주처럼 반짝이는 것을 발견하게 될 것입니다.

국내 3D업종

· 불판 세척업 : 초음파 고수압을 이용, 음식점 불판 세척 대행업

· 알레르기 클리닝 사업 : 침대, 매트리스, 패브릭 등 가정의 알레르기 원인균을 없애는 사업

· 청소 대행업 : 가정, 사무실, 상점 등의 이사 전후 및 중소형 상점, 빌딩의 청소 대행업

· 욕실리폼업 : 욕실 개보수 및 데코레이션을 해주는 사업

· 목욕탕 청소대행업 : 중대형 목욕탕, 사우나 청소 대행업

· 수도파이프 정화사업 : 수도관 내 오염제거 사업

해외 3D업종

· 벽 살균 클리닝 사업 : 변색된 벽이나 천장을 화학약품과 페인트를 이용해 클리닝해 주는 사업

· 콘크리트 장식 사업 : 기존 콘크리트보다 내성과 강도가 센 콘크리트를 이용, 보도블록을 장식하는 사업

· 지붕코팅 사업 : 지붕을 뜯어내지 않고 코팅해 수명을 연장해 주는 사업

· 사무기기 세탁 사업 : 전화기 등 사무기기의 살균, 청소 대행업

· 명부 작성 대행업 : 기업이 필요로 하는 명부 작성을 대행하고 광고를 유치하는 사업

· 블라인드 버티컬 청소 대행업 : 초음파를 이용한 블라인드 버티컬 청소 대행업

· 잔디관리 대행업 : 가정, 오피스 빌딩 등의 정원 및 잔디관리 대행업

자료 : 한국창업전략연구소

우리 교회 청년 중에는 H대학 경제학과를 졸업한 C라는 형제가 있습니다. 이 형제가 처음 자기 사업을 시작하게 된 것은 대학교 4

학년 때였습니다. 4학년 2학기 때, 기숙사에 인터넷 LAN선이 들어오는 것을 보고 그것이 돈이 될 것이라는 확신을 얻어 컴퓨터를 독학으로 공부했습니다. 직업으로 생각하고 시작한 것은 아니었지만 컴퓨터 관련 사업에 자신을 묻어야겠다는 확신이 있었습니다. 그래서 인터넷을 통해 아르바이트를 시작했습니다. 외국 사이트에 가입하면 1달러씩 주는 곳이 있었는데 그 곳을 번역해서 사이트에 올려 한 달에 1,200달러씩 벌었습니다. 1년 정도 그것을 하고 웹 호스팅과 도메인을 등록하는 일을 시작 했습니다. 하루에 방문자가 5만 명이 넘어가더니 몇 개월이 지나지 않아 하루 접속자 수가 100만 정도나 되었습니다. '이 일은 된다'는 확신이 들어 그 때부터는 광고를 띄워서 본격적으로 돈을 벌었습니다. 2001년 12월부터 시작한 웹 호스팅, 도메인 등록, 쇼핑몰 홈페이지 구축 등으로 자리 잡게 되었습니다. 사업이 커지자 직원도 6명정도로 늘었고 2002년도에는 가파르게 성장했습니다. 그러던 중 이 형제가 눈을 다른 곳으로 돌려 2003년에 보드 카페를 시작했습니다. 그런데 오픈하고 보니 임대료가 너무 비싼 곳에서 준비도 제대로 되지 않은 상태에서 시작했다는 것을 깨달았습니다. 계약은 이미 끝나 어쩔 수 없이 시작하고 나니 그 때부터 문제가 생기기 시작했습니다. 본업까지 흔들릴 정도의 힘든 시간을 겪은 후, 1억 5천만 원 정도의 손해를 보고 손을 털은 기억도 있습니다. 빚없이 수중에 잇는 돈만 손실된것에 감사하면서 말입니다. 그는 처음부터 대책 없이 시작하면 안 된다는 것을 느꼈다고 합니다. 자본이 없는 사람일수록 더더욱 사전 준비가 철저해야 한다고 충고합니다. 자신이야 기존의 인터넷 사업이 있어서 다행히도 빚 없이 끝낼 수 있었다면서 말입니다.

지금 그는 다시 인터넷 사업을 시작해 월 1천만 원 정도의 순수익을 내고 있습니다. 5년 안에 코스닥에 등록하겠다는 희망찬 청사진을 세우고 목표를 향해 뛰어가고 있습니다. 그는 후배들에게 하고 싶은 이야기를 몇 가지 꺼내놓았습니다.

"첫째, 한군데에 집중하고 빠져라. 직장 생활이든 사업이든 이런 훈련이 필요하다. 집중력을 길러라. 조금이라도 빨리 무엇이든 시도하고, 1년이라도 먼저 전문가가 되어라. 둘째, 실용 독서(자기가 필요한 지식을 쌓는 독서)가 중요하다. 나는 이것을 1년 전 사업 시작하면서 깨달았다. 나는 퇴근하면 늘 독서실에 가서 공부한다. 그렇게 하지 않으면 밀려드는 정보화 시대에 대처할 수 없다. 셋째, 문제가 생기면 반드시 풀린다고 생각하고 도전하라. 거기서 물러나면 안 된다. 반드시 답은 있다, 어떤 문제든 말이다."

다른 예도 있습니다. 제가 아는 A자매는 원예학과를 졸업한 플로리스트입니다. 대학 졸업 후 나름대로 꽃가게를 열고자 고민을 하고 있었습니다. 그런데 섣불리 꽃가게를 열었다가는 실패할 가능성이 있기에 일단 온라인과 오프라인을 동시에 운영하는 꽃가게에서 아르바이트를 시작했습니다. 수습기간인 3개 월 가량은 40~60만 원 정도의 급여를 받으면서 일을 배운다는 생각으로 열심히 했습니다. 하지만 요즘은 대형 인터넷 쇼핑몰들에서 꽃 매장을 운영하고 있기 때문에 작은 온라인 꽃 매장은 큰 이익을 보지 못한다는 것을 알게 되었습니다.

현장에서의 상황을 파악하고 나니 함부로 꽃가게를 열어서는 승산이 없겠다는 판단이 섰습니다. 꽃가게를 먼저 연 몇몇 친구들의 화제는 '누가 얼마나 버틸 수 있겠는가'였다고 합니다. 하지만 노력하는 자에게 길이 열린다고 했습니다. 밑바닥에서 일을 시작하고 이곳저곳 두루 쫓아다니던 자매는 지하철역 안에 있는 꽃집에서 사업할 수 있는 기회를 얻게 되었습니다. 그녀는 현장에서 익힌 솜씨와 다진 감각으로 사업을 시작했습니다. 특히 5월 같이 행사가 많은 달이나 발렌타인, 화이트데이와 같은 대목이 있는 날에는 미리 아르바이트생들을 고용하여 꽃다발이나 바구니를 만들어 두어 한 몫 챙겼습니다.

그렇게 자매는 기반을 다졌습니다. 주변에서는 운이 따라 좋은 목에서 편하게 일한다고 부러워들 합니다. 하지만 개인적으로 그 자매가 준비하는 과정을 지켜본 저로서는 이 모든 것이 노력의 결과임을 알고 있습니다.

크 리 스 천   청 년 들 을   위 한   예 비 하 심

05

직이 아닌 업을 추구해라

요즘 해외건설이 활기를 띠게 되어 건설업체에서 은퇴한 기술자들을 다시 고용하는 현실입니다. 경력 기술자가 없어서 쩔쩔맨다는 기사를 여러분도 보았을 것입니다. 이처럼 기술이 있다는 것은 참 귀한 일입니다. 회사도 마찬가지입니다. 기술이 있는 회사는 점점 강력해질 잠재력을 가지고 있는 것 입니다. 핸드폰 원천기술을 보유하고 있는 미국의 퀄컴사는 그것으로 인하여 더욱 강력한 기업으로 성장하고 있습니다.

유럽에서는 조상 대대로 기업이 이어져 내려오는 경우가 많습니다. 특히 기술을 필요로 하는 직업일수록 대대로 이어진다고 합니다. 기술이 그렇게 환대 받지 못하는 우리의 분위기로서는 이해하기 힘든 면도 있습니다. 하지만 우리 사회도 서서히 변해가고 있습니다. 특별한 기술을 가지고 있는 것은 평생 자신을 지킬 수 있는 무기를 소유한 것과 같다는 것을 알게 되었습니다. 요즘은 미국에서도 '나는 어떠한 기술자입니다', '나는 어떤 일을 하고 있습니다' 라는 식으로 자신을 소개 합니다.

우리나라 1호 위폐감별사인 S씨는 비록 중학교를 중퇴하였지만 은행에 들어가서 남들보다 몇 배 더 열심히 일했다고 합니다. 자신이 살 길은 전문성을 기르는 것뿐이라는 생각에서였습니다. 그렇게 열심히 일을 하다 보니 위폐도 잘 찾게 되고, 사람들의 인정을 받게 되었습니다. 일용직으로 입사한 그였지만 4년 뒤에는 외환은행의 정식직원이 되었고, 정년퇴직을 하고 나서도 자신의 기술을 인정받아 2년 계약직으로 두 번이나 채용되었습니다. 현재 그의 연봉은 1억이 넘습니다. 그는 FBI(美연방수사국)과 USSS(美 재무부 산하 비밀수사국)의 위조지폐 정보교환 요원으로 위촉되기도 했습니다. 그는 요즘 학벌 때문에 취업 못한다는 청년들을 볼 때마다 '전문성을 키우라!'고 강조합니다. 어떠한 분야에서든 전문가 즉 기술자가 되라는 권면입니다. 자기 분야에서 최고의 기술을 가진 사람에게 듣는 권면은 귀담아 들어야 합니다.

경쟁력이 있으면 됩니다. 당장 자신이 몸담고 있는 직장에서 나와도 문제없습니다. 하지만 남들도 쉽게 하는 정도의 기술은 경쟁력이라고 할 수 없습니다. 꼭 기억하십시오! 현대사회는 인재는 부족하고 사람은 남아돕니다. 어떤 분야에서든 인재가 되어야 오래 일 할 수 있습니다. 현대는 전문가의 시대이자 기술자의 시대입니다. 자신이 하는 일에는 프로가 됩시다.

06

크 리 스 천   청 년 들 을   위 한   예 비 하 심

자기 스타일에 맞는 포지션을 파악해라

모든 직업에는 크기에 상관없이 정과 부가 있습니다. 아무리 규모가 작아도 전체를 책임지는 역할의 자리가 있고, 아래에서 조화를 맞추는 자리가 있습니다. 어느 자리가 더 좋겠습니까.

제가 양육하는 A형제의 형님(41세)은 서울대 경영학과 출신으로 S그룹에 들어간 엘리트입니다. 또한 IMF때 그 회사에서 혼자 과장으로 진급할 만큼 탁월한 능력의 소유자입니다. 그러던 어느 날 S그룹의 자회사가 벤처투자회사를 만들었고 그곳으로 발령되어 큰

성공을 거두었습니다. 이 과정에서 본인도 사업을 하면 뭔가 할 수 있겠다는 생각에 회사를 나왔습니다.

그런데 막상 사회에 나와 보니, 큰 조직에 소속되어 있는 것과 작은 조직에 속해 있는 차이가 너무나도 컸습니다. 대기업에 소속된 당시에는 14년의 경력이 주는 인맥과 회사가 주는 자신감이 있었습니다. 수십억 정도의 손실을 입어도 다시 일어날 자본의 힘과 브랜드가 있었습니다.

하지만 벤처 회사의 사장으로 있다 보니 그의 능력과는 상관없이 회사의 규모로 모든 것이 평가 내려지기 시작했습니다. 따라서 투자를 받는 것도 여의치 않았습니다. 한 번의 실수로 회사가 흔들릴 수 있다는 사실도 알게 되었습니다. 회사의 현실과 상관없이 급여만큼은 최우선적으로 지급해야 하는 노동법 등 신경 쓸 일이 많아졌습니다. 그는 지금도 안정적으로 일 하며 월급 받던 시절이 그립다고 합니다.

반면에 조직에 매여 늘 다람쥐 쳇바퀴 돌듯 하다가 자기 사업을 가지니 시간도 많고 비전도 마음껏 펼칠 수 있어서 너무 좋다는 형제도 있습니다. 현재 무역상을 하는 B형제(34)입니다. 그는 H대 전자공학과를 졸업한 후 홈페이지 만드는 회사, 네트워크 회사 등에서 근무했습니다. 하지만 회사에 적응도 잘 못하고 기질상 남의 밑에 있기를 좋아하지도 않았습니다. 또 30~40대가 넘어 계속 프로그래머를 한다고 해도 큰 비젼이 보일 것 같지 않아서 자기 사업을 시작했습니다.

사업을 시작하면서 처음부터 좋았던 것은 아니었습니다. 아무래도 공대 출신이 무역업을 하다 보니 인맥에도 한계가 있었습니다. 무역업은 보통 인문계열인 경영·상경 출신이 하다 보니 더욱 그랬습니다.

하지만 시간 조절이 가능하고 자기 뜻을 마음껏 펼칠 수 있는 것이 좋다고 합니다. 또한 자기가 버는 것이 곧 수입임으로 더욱 열심히 일 합니다. 자기가 성장하는 만큼 회사가 커짐을 깨닫고 더욱 노력하고 있습니다. 무엇보다 회사의 모든 결정권이 본인에게 있어 다른 사람들의 눈치를 보지 않아 좋다고 합니다. 지금 같아서는 사업이 망하더라도 후회하지 않을 자신이 있답니다. 혹시 잘못되더라도 다시 일어설 자신도 있다고 합니다. 사업을 해야 하는 체질인 것인지, 붕어빵 장사를 하더라도 다시는 다른 사람 밑에 들어가기 싫다고 합니다.

어느 것이 더 낫다고 단언할 수는 없습니다. 사람마다 생각이 다르기 때문입니다. 본인의 상황에 맞게 처신해야 인생에서 후회가 없을 것입니다. 자신의 성향과 관계없

이 무작정 사업을 시도하려 조직에서 나온다면 그나마 있는 기회를 잃어버릴 수 있습니다. 반면 리더의 자질을 가졌음에도 불구하고 도전하는 것이 두려워 그 자리에 안주하면 무한대로 성장해 나갈 수 있는 기회를 만들지 못합니다. 따라서 자신의 적성과 성격을 파악하는 것이 무엇보다 중요하다 할 것입니다.

제 주변에는 개척을 한 친구들이 몇 명 있습니다. 그 중 한 친구가 이런 말을 했습니다. 부목사로 있을 때는 자신이 맡은 분야가 한 두 개 정도여서 집중도도 높고 성과도 인정받기 쉬웠답니다. 그런데 개척을 하고 보니 모든 것에 신경을 써야 하고 결정을 내려야함은 물론 책임까지 져야 한답니다. 일반직장과 비유하는 것이 적정한 예인지는 알 수 없습니다. 하지만 일반적으로 영업을 잘하는 사

람이 사업에 성공할 확률이 높듯이, 교회 역시 현장에서 끊임없이 자기를 던져 헌신한 사역자들이 무리 없이 이끌어 나가는 것은 사실입니다. 자기가 주체가 되어 일을 추진하기 위해서는 내공이 충분히 쌓여 있어야 합니다. 자신이 하고있는 일에 대한 충분한 정보와 철저한 자기 실력, 미래를 내다보는 식견이 있어야 합니다. 이런 것이 충분하다고 여겨질 때에 새로운 시도를 해야 하는 것 입니다.

크 리 스 천   청 년 들 을   위 한   예 비 하 심

07

구체적이고 명확한 목표를 가져라

'세이노'라는 필명을 쓰는 필자가 있습니다. 개인적으로 도전 의욕을 갖게 하는 그 분의 글을 참 좋아합니다. 도전 의욕을 갖게 하기 때문입니다. 그는 가난 때문에 고등학교를 4년 만에 졸업했고 이를 비관해 3차례나 자살을 시도했습니다. 하지만 자살기도는 모두 실패했고, 새로운 삶을 택하는 지혜를 발휘했습니다. 그는 고등학교 3학년 때부터 사업을 시작해 그 후 광고대행업과 영어입시학원, 의류업, 요식업, 정보, 컴퓨터, 유통업 등을 거쳐 연평균 10억원의 소득세를 낼 정도로 큰 성공을 이루어 냈습니다.

이 필자가 단지 돈을 벌었다는 이유로 존경하는 것이 아닙니다. 자신이 처한 현실을 인정하면서 도전의식 있는 그의 삶을 젊은이들이 본받을 필요가 있다고 생각합니다. 그는 막연한 야망과 꿈보다는 구체적인 목표가 중요하다고 강조합니다. 가까운 장래에 이룰 수 있는 구체적이고 정확한 목표 말입니다.

더불어 진정한 도전의식이 있다면 현실적이자 실제적인 것으로 연결해야 한다고 강조합니다. 그가 쓴 '자기 몸값을 높이는 방법'이란 글에 이런 이야기가 있습니다. '첫째, 자신이 먼저 보여주지 않는한 국물도 없다. 돈을 더 준다고 일을 잘할 것이라고 생각하지 않는다. 돈을 더 주기 전에 그 이상의 일을 감당하는 것을 보면 그 후에 연봉을 올려주게 되어 있다. 둘째, 보상의 수레바퀴는 언제나 천천히 돈다. 사람들은 불과 몇 개월 열심히 하고 몸값이 올라가기를 바란다. 그러나 몇 년 후에 받게 될 대우에 걸맞은 일솜씨를 지금 보여주는 것이 우선이다.' 그의 글을 보면서 진정한 도전의식이란 허망한 의욕이 아니라 구체적이면서 명확한 목표를 향해 달려가는 자세임을 알았습니다.

자신이 도전의지를 어떻게 확인할 수 있을까요? 지금 열정과 의욕이 구체적으로 현실화되고 발전하고 있다면 여러분은 도전하고 있는 것입니다.

더불어 변화를 인정하고 이에 맞추어 부단히 움직여야 합니다. 그렇지 않으면 세상에서 존재하기 힘들어 집니다. 기존 세대에 비해 불리한 조건인 여러분이 도전정신마저 없다면 무엇으로 경쟁해서 승리하겠습니까? 도전정신은 젊은이의 특권이자 건강한 육체에서 나오는 힘의 원천입니다.

08

크리스천 청년들을 위한 예비하심

기회가 주어지지 않는다면 스스로 만들어라

삼일교회의 청년들이 몇 안 되던 시절, 함께 일하던 L이란 간사가 있었습니다. 그는 우리나라에서 중소기업치고는 제법 규모가 있는 회사에 다니고 있었습니다. 그러다가 중국으로 발령을 받았습니다. 중국어와 영어를 꾸준히 공부하고 있었던 성실함 때문인지 상사의 추천을 받게 되었고 결국 중국으로 나가게 되었습니다.

하지만 그 당시는 중국으로 발령나는 일은 그리 축하할만한 것이 아니었습니다. 그 형제는 열심히 기도 한 후, 주위의 걱정스러운 눈길을 뒤로 하고 중국에 나갔습니다. 몇 년 지나지 않아 중국은 경제적으로 급성장을 하였습니다. 모두들 중국이라는 나라를 무시하고 L간사의 선택을 비웃었지만, 그는 자신의 신념과 믿음으로 모든 과정을 극복하였습니다. 그 결과 동년배들이 직장을 잃고 고민하고 있을 때 안정된 자리에서 느긋한 삶을 살 수 있는 것입니다.

기회는 노력하는 사람 앞에 나타납니다. 아브라함을 봅시다. 그는 자신의 정들었던 고향을 버리고 새로운 비전을 찾아 떠났습니다. 많은 역경이 있었지만 결국에는 고향에 있을 때 보다 더 좋은 기회를 얻었습니다. 지금 있는 자리에서 답이 나오지 않는 다면 떠날 필요가 있습니다. 높이 나는 새가 멀리 봅니다. 우물 안의 개구리는 자신이 보는 하늘이 세상의 전부인 줄 알고 안주합니다. 끊임없이 우물 밖으로의 탈출을 꿈꾸는 개구리만이 경이로운 세상을 보게 될 것입니다. 부단히 노력하고 또 노력하는 사람이 되어야 합니다.

기회와 준비는 동전의 양면과도 같은 성질이 있습니다. 기회가 왔으나 부족한 준비로 그것을 놓칠 수도 있고, 모든 준비는 끝났으나 기회가 오지 않아 좌절 할 수도 있습니다. 이럴 때 일수록 포기하지 말아야 합니다. 준비하는 가운데 기회를 만들어야 합니다. 교회에서 어떤 봉사를 하고 싶다고 칩시다. 누가 그것을 시켜주기를 기다리기보다는 직접 섬기는 모습을 보여주고, 자주 그 자리에 참석하여 사람들의 눈에 띄어야 합니다. 또한 어떠한 분야의 준비위원장이 되고 싶거든 분과장 때부터 충실히 하여 윗사람들 눈에 들도록 노력해야 합니다. 자신에게 맡겨진 일에 최선을 다 하며 준비할 때 기회도 열리는 것입니다.

이것은 교회뿐 아니라 직장생활이나 취업을 준비하는 청년 모두에게 해당하는 말입니다. 찾으면 의외로 많은 기회가 놓여 있습니다. 모 기업 회장은 주변을 보면 돈이 보인다고 합니다. 시도하면 할수록 더 많은 물질을 잡을 수 있는 찬스를 얻는다는 고백입니다. 연구하고 시도해 봅시다. 의외로 우리 앞에 많은 기회가 놓여 있음을 알고 놀랄 것입니다.

또한 우리가 하나님과 사람에게 쓰임 받기 위해서는 소원하는 분야를 정하고 그 분야에 관한 것을 준비해야 합니다. 어디에서나 그렇지만 누가 키워주길 기다려서는 좀처럼 기회가 오지 않습니다.

쓰임 받을 자리보다는 그것을 잡으려는 사람들의 수요가 많기 때문입니다. 수동적으로 누가 키워주고 세워주기만을 기다려서는 안 됩니다. 기회는 가만히 있는 자에게 그냥 열리는 것이 아닙니다. 자기 노력과 준비가 기회를 만들어 내는 것입니다. 지도자가 아무리 키워주고 싶어도 준비가 없는 사람은 사용할 수 없습니다. 최소한의 준비는 기본이고 이것을 넘어서 원하는 분야에서 철저히 필요한 사람이 되는 것이 관건입니다.

09

크 리 스 천 청 년 들 을 위 한 예 비 하 심

끊임없이
차별화를
시도하라

때로는 작은 차이가 성패를 좌우합니다. 탁월한 능력이 있어도 생각지 못한 작은 실수로 어처구니 없게 실패하는 사람도 있습니다. 자신의 일을 사랑하며 정성을 들이고 생각을 조금 더 깊이 생각한다면 얼마든지 남과 다른 장점을 드러낼 수 있습니다.

저도 다른 사람들처럼 집 근처의 중국집에서 음식을 시켜 먹고는 합니다. 그런데 얼마 전, 단골 중국집을 바꾸게 되었습니다. 집 앞에 온 한 장의 전단지 때문이었습니다. 거기에는 이런 글이 쓰여 있

었습니다. '인생은 어쩌면 자장면 같은 것인지도 모릅니다. 누가 어떤 방식으로 비비던 결과는 늘 자장면입니다. 단지 같은 자장면을 놓고 맛있게 먹느냐 맛없게 먹느냐는 당신에게 달려 있습니다. 여기에 제가 열심히 만들어 내놓은 자장면 한 그릇이 있습니다. 자장면의 재료는 제 눈물과 기쁨, 꿈 그리고 노력입니다. 당신께서 맛있게 드셨으면 좋겠습니다.' 주방장의 정성이 느껴졌습니다. 이런 글 하나도 우리 마음을 바꾸어 놓지 않습니까? 작은 정성과 차별화 하나가 인생을 바꿀 수도 있습니다.

이력서 한 장 꾸밀 때도 정성과 특화 시킬 재료를 생각해 보고, 장사를 하더라도 무엇인가 달라 보일 수 없을까 생각하는 자세로 임해봅시다.

한 TV프로그램에서 차별화를 통해 성공한 20대와 인터뷰를 한 적이 있습니다. Y라는 28세 청년입니다. 현재 오프라인 매장에서 인라인스케이트를 팔아 매달 8천 만 원에서 1억 원 정도의 매출을 올리고 있습니다. 장사를 시작했을 때부터 차별화될 것이 없을까 고민했다고 합니다. 그러던 어느 날, 인라인스케이트 바퀴에 흙이나 더러운 이물질이 많이 묻는 것을 보고 바퀴 주머니를 만들어 씌울 생각을 했다고 합니다. 이것이 차별화인 것입니다. 또한 토요일 4시면 강습을 하면서 고객들과의 만남을 유지합니다. 이런 차별화가 그의 매장에 사람을 몰리게 한 비결이었습니다.

L이라는 20세의 자매는 의류 쇼핑몰을 통해 월 3천만 원 이상의 매출을 올리고 있습니다. 이 자매는 고등학교를 졸업하고 옷 장사를 하려고 했는데, 경쟁자들이 너무 많아서 그들과 차별화가 되지 않으면 승산이 없다는 것을 알았습니다. 그러다 자신과 같은 큰 사이즈의 옷을 입는 여성들을 생각했습니다. 실제로 자신이 99사이즈의 모델이 되어 사진을 찍고 인터넷에 공개하였습니다. 이는 사이즈가 큰 옷을 입는 여성들의 욕구충족의 계기가 되었고, 후발주자로는 드물게 빠른 시간에 급성장 하였습니다.

그런데 예상치 못한 환불과 교환이라는 난관에 부딪쳤습니다. 온라인이라는 특성상 환불과 교환에는 배송료가 붙기 때문에 고객들과의 마찰이 있었습니다. 그러나 자매는 일방적인 고객의 변심이

나 요구에도 짜증내지 않고 직접 쓴 편지를 동봉하는 정성을 보였습니다. 더불어 단골손님에게는 선물을 넣어 마음을 표현 하였습니다. 선 입금, 후 제작이라는 운영 방침으로 창고 비용도 절감했습니다. 직접 얼굴을 대하지 않는 인터넷 쇼핑몰이도 결국에는 사람이 만들어 가는 것입니다. 온라인 의류시장이 춘추전국시대라는 요즘, 후발주자인 그녀가 성공하기란 쉽지 않았을 것입니다. 눈앞의 이익보다는 사람의 마음을 읽는 감성 마케팅이 성공한 예라고 할 수 있습니다.

얼마 전 제가 지도하는 청년 팀장들과 함께 신당동에 있는 불 닭집에서 회식을 했습니다. 한 자매의 인도로 그 집에 도착하게 되었는데 실망감을 감출 수가 없었습니다. 외진 곳 지하에 위치 한데다가 들어가는 입구도 한 사람이 겨우 들어갈 정도로 비좁았습니다. 회식을 망칠까봐 걱정이 되기 시작했습니다. 그런데 그곳을 소개한 자매는 일단 음식 맛을 보면 생각이 달라질 것이라며 당당했습니다. 잠시 후 음식이 나오자 그 자매의 말이 옳았음을 알았습니다. 똑같은 닭으로 요리를 했는데 어쩌면 이렇게 맛있는 음식이 나올 수 있는지 감탄이 절로 나왔습니다. 마침 모 방송국의 음식 관련 프로그램 촬영 팀이 취재에 협조 해 줄 것을 부탁 했습니다. 우리는 흔쾌히 응했고 전국에 방송되었습니다. 이처럼 같은 재료, 같은 음식이라도 차별화 된 맛을 내면 손님이 제 발로 찾아온다는 사실을 깨닫게 되었습니다.

우리는 쉽게 이런 말을 합니다. '그건 너무 늦었어'. 하지만 세상에 더 이상 새로운 것은 없습니다. 같은 재료, 같은 음식으로 어떻게 다른 맛을 낼 수 있느냐가 승패의 열쇠를 쥐고 있습니다. '늦었다고 생각할 때가 가장 빠른 때이다'는 말도 있습니다. 사물이나 현상을 보면서 조금 다른 시각을 키우도록 노력해야겠습니다.

크 리 스 천   청 년 들 을   위 한   예 비 하 심

10

내일을 준비하고 대비하며 찾아라

김동길 교수가 쓴 글 중에 이런 내용이 있습니다. '인생은 참으로 짧으며, 시간의 흐름에 대한 느낌은 나이에 따라 다르다.' 자신이 20살이 되기 전에는 1년이 무척 길게 느껴졌다고 합니다. 지루한 일상에서 벗어나고 싶은 마음에 빨리 어른이 되고 싶었습니다.

20대에서 30대가 되는 과정은 '걸음걸이 빠르기'란 뜻으로 보통 악곡에서 느리게를 나타내는 '안단테'의 속도로 흘렀답니다. 그런데 20대 후반에 가속이 붙기 시작하더니 조금 빠른 알레그레토의 속도로 30대, 40대가 되더랍니다. 이 시기는 자신이 할 일을 찾아

04 · 나만의 길을 갈 수 있는 지혜를 구하라

매진하기 때문에 시간이 더욱 아깝게 느껴졌답니다. 그렇게 40대가 넘으니 50대 까지는 그야 말로 쾌속정을 타고 가는 것처럼 시간이 흘렀습니다. 어느덧 60대가 되었고 최근 2년 동안은 마치 10년의 시간인 듯 빨리 지나 갔답니다. 중국의 도연명도 세월의 흐름에 대해 이런 시를 남겼습니다.

"젊은 날이 거듭 오지 않으며, 하루해가 다시는 밝기 어려워, 때를 따라 마땅히 힘써 일하세. 세월이 너를 기다려 주지 않으리!"

하루에 86,400원씩 입금해주는 은행이 있습니다. 그런데 이 돈은 그날 저녁 12시가 되면 잔액이 있건 없건 없어져버립니다. 그렇다면 여러분은 어떻게 하시겠습니까? 당연히 밤 12시가 되기 전에 모두 인출해서 써야겠지요. 하루는 86,400초라고 합니다. 마찬가지로 다음날이 되면 전날의 시간은 모두 사라져버립니다. 다시는 돌아오지 않는 것이 시간이므로 낭비해서는 안 될 것입니다.

일 년의 소중함을 알고 싶다면 학점을 못 받은 학생에게 물어보십시오. 한 달의 소중함을 알고 싶다면 미숙아를 낳은 어머니를 찾아가십시오. 한 주의 소중함을 알고 싶다면 신문 편집자를 찾아 가십시오. 한 시간의 소중함을 알고 싶다면 사랑하는 사람을 기다리는 사람을 찾아가십시오. 일 분의 소중함을 알고 싶다면 열차를 놓친 사람을 찾아가십시오. 일 초의 소중함을 알고 싶다면 아찔한 사고를 겪은 사람을 찾아가십시오. 마지막으로 1/1000초의 가치는 알고 싶다면 안타깝게 은메달을 딴 육상선수를 찾아가십시오. 우리가 느끼고 있는 '현재(Present)'는 하나님이 우리에게 내린 '선물(Present)'입니다. 이 소중한 시간들을 우리는 어떻게 사용하고 있습니까?

쾌속정을 타고 가는 것처럼 안전해 보이는 삶이지만 생각지 못한 암초를 만나 어려움을 겪기도 합니다. 하지만 무릎이 꺾이는 시련 속에서도 젊음이라는 이름이 있기에 다시 일어 설 수 있습니다. 지금 준비하지 않으면 평생이 어렵습니다. 이 젊음이 언제까지나 유지되지 않을 것입니다. 무의미한 시간으로 하루하루를 살기에는 우리의 청춘이 너무 안타깝습니다.

지금의 시간만큼 소중한 것은 없습니다. 젊었을 때의 1년이라는 시간은 자신의 인생에서 5년, 10년 이상의 가치와 맞먹는 귀중한 기간입니다. 부디 지금의 시간을 잘 준비해서 많은 열매를 거두길 바랍니다. 더불어 하나님께 귀히 쓰임 받는 믿음의 청년들이 되기를 간절히 소망합니다.